中國投資指南

大陸投資

優惠條件的法律效力探索

當全球投資市場鎖定中國大陸

當台商不斷西進大陸加碼投資

大陸宏觀調控政策多變

招商引資的優惠條件是否效力如昔？

林家亨◎著

出版序（一）

本書全文內容，是筆者就讀大陸中國人民大學經濟法碩士班的畢業論文加以修訂補充而成，撰寫論文之初，即因有感於台商西進大陸投資，已是勢不可擋的潮流所趨，同時也是筆者多次參與大陸投資案的工作所需，對大陸投資的相關法令不得不深入了解。而其中最讓台商感到莫終一是的，也是台商普遍最關心的，就是優惠條件，因為大陸各地經濟開發區就各種不同項目的優惠條件，其所能提出的承諾，往往存在著很大的彈性與差異性，究其關鍵原因，除了投資人本身實力當談判籌碼的強弱外，招商單位作出優惠承諾的主客觀條件，才是影響優惠條件效力的最根本因素。於是筆者於人大法研所進修期間，即以台商投資大陸的優惠條件相關法律問題為研究目標，將參與投資業務所遇各種實務問題，於人大學術殿堂裡尋求法理解答與法規依據，並將之逐一記錄整理，終以彙集成文。

論文撰擬初衷，原即是希望能提供給有意到大陸投資的台商一份足堪參酌的資料，但因平日忙於工作及博士班學業，一直無暇將原論文再檢視修訂。直至二〇〇六年四月間，國民黨榮譽主席連戰先生二度訪問大陸，而這一次陪同連戰前往大陸訪問的人士，除了黨政要員外，尚有鴻海、光寶、台塑、長榮、裕隆、威京、中信、富邦、國泰、世華……等等逾七十位的台灣知名企業

代表，這些在台灣企業界各據山頭的人士正式出現於兩岸經貿往來的檯面上，並共同召開了「兩岸經貿論談」，其所代表的意義非比尋常，似乎台灣的企業界已經按捺不住台灣政府長期以來「戒急用忍」的大陸政策，也無懼於政府宣佈的「積極管理、有效開放」的處理原則，而以積極的行動參與，來表達對兩岸經貿長遠往來合作的關切。值此之際，又激起筆者將拙著付梓以饗台商之初衷。嗣後又因輔大校友彭思舟君的推薦，由秀威資訊科技（股）公司協助將筆者拙著彙編成書，啟本書出版之契機，是為之序。

　　本書立論學用乃針對大陸現階段法令及政府操作實務所作歸納分析，惟大陸招商政策及相關配套法令仍不斷修訂出台，再加上幅員廣大的大陸各地方政府個別不同的招商運作方式差異，本書學理考據與實踐應用難免有疏漏謬誤之處，尚祈讀者賢達不吝賜教指正，無任感禱！

作者序於桃園

2006 年 6 月 10 日

出版序（二）

2002 年夏，當接到大陸中國人民大學法研所碩士班入學通知的那一刻，亦喜亦憂，喜的是能夠如願以償考上人大法研所，憂的是當時經濟拮据，每個月固定收支之餘，已擠不出額外的銀兩進京註冊，自嘲活像是古代的窮秀才。幾乎要放棄入學念頭之際，突然領到一筆獎金，不多不少，恰恰夠支應學費及往返北京的盤纏！2003 年底，公司人事紛擾異動，毅然決定功成身退掛冠求去，卻因禍得福獲派北京半年，讓我無斷炊之虞同時兼能修完碩士學分。2004 年夏，學分修完且即將結束外派，心中滿是感恩，感謝這一切始料未及的際遇安排！

行將返台前三天，從學校宿舍要去公司途中，行經校門外看到一群人圍觀著一位跪在人行道上的年輕女孩，路過時湊前一看，女孩在地上用學生證押著一張紙，紙上字跡清秀工整，寫的內容大意是說她來自外地農村窮人家，想趁暑假到北京打工掙錢籌學費，奈何找不著工又沒錢坐車回家，落得流浪街頭，迫不得已踐踏自尊跪地行乞，……。也許是因為我也是個窮書生，但比她幸運沒有流浪行乞北京街頭，所以對她多幾分關注，我蹲下身拾起她的學生證看，照片中是個面貌清秀的中學生，本人卻多了幾分早熟的風霜，與她閒談探試幾句，見其談吐文雅應對不俗，看來真的是落魄書生。一時感同身受，抱著感恩回饋的心，決定

把戶頭所餘人民幣傾囊相助，反正再過兩天週日就要回台灣了，這些人民幣就義助有緣人當獎學金吧，藉以回報當年天上也曾經掉下來獎金讓我順利入學！當下我表明意思，請她不用再跪地行乞，還請她到校門口對面的 Starbucks 一起吃早餐，並約好週六早上九點鐘拿錢給她。豈料她竟然爽約，我先是氣憤要領錢的人還放我鴿子，繼而一想，該不會是她沒福份多等兩天，在龍蛇雜處的北京城出了啥意外？我反而擔心自責起來。當晚室友為我餞行聊及此事，室友聽我詳述始末笑不可抑，稍歇敬我一杯白酒說道，那女學生不過是北京街頭形形色色的騙子之一，而她一定認為我是郎中，騙子中的騙子……！吾聞之亦狂笑不已痛飲白酒，盡釋懷矣！

工作餘暇校稿半年終能出書，此書得成，諸多因緣具足，依然是滿懷感恩！如陳之藩言，得之於人者多，出之於已者少，要感謝的人太多了，就感謝天吧！一秉初衷，隨緣佈施以謝天，本書版稅全數捐贈予桃園縣私立弘化懷幼院（院址：桃園縣大園鄉沙崙村八鄰沙崙 106 之 5 號），院童是落難的天使，但也有鼓舞凡人的力量！

作者序於桃園
2007 年 1 月 28 日

推薦序（一）

　　家亨於 2002 年考進中國人民大學攻讀經濟法碩士學位，畢業後又考上同專業的博士研究生，我一直都是他的指導老師。他勤奮敬業，工作之餘兼做學問，寫了一篇很好的碩士論文「**大陸投資優惠政策相關法律問題之研究**」，順利通過答辯，獲得碩士學位。近日得知有出版社主動邀約，擬將其出版，以發揮應有的社會效益，我欣然應允為之作序，也是表達我對這位有出息後生的一份喜愛和提攜之心。

　　家亨在台灣數家企業擔當法務多年，往來奔波於兩岸之間，日常工作的一個重要方面就是處理在大陸投資遇到的各種法律問題。正因為此，他特別關注以所學知識和理論，來分析台商投資大陸的法律實務問題，運用原理印證常年形成的經驗，同時提升自己的學術造詣和工作水平，彼此相長。由於主客觀兩方面的因素，家亨遠離中國人傳統的讀死書、鑽象牙塔的積習，學以致用，成了一位大陸高等教育近年強調要培養的高級實踐型、複合型人才。他還是一個正直、富有正義感的青年。2004 年阿扁舞弊連任疑雲，導致台灣島內社會動盪，竟讓他好多天夜不能寐，以「台灣埔里土甘蔗」署名，寫了一篇題為「PRC＝ROC，一個阿Q的心願」的文章，洋洋灑灑近兩萬字一氣呵成，憂國憂民，以 Chinese 的一員為榮，赤子之心躍然紙上，令人感動、感慨。

　　大陸自 70 年代末改革開放,外國人眼看著中國崛起,往往不明究裡。而其中的一大秘訣,就是地方與地方、中央與地方之間有了真正的競爭。這種競爭,造就了一個製造業和引進外資的大國;在競爭中,各地基礎設施建設突飛猛進,人居及法制環境迅速改善,城市面貌日新月異,還有像東莞、順德、昆山、義烏等地方不經意間成了經濟「小虎」等等。換言之,地方積極性及其與中央的博弈,成了大陸經濟發展、社會進步和制度創新的一種最重要的力量。家亨在工作中,對此有著切身體會,剛到大陸不久,他就發現各地開發區為外商設定的投資門檻和優惠條件不盡一致,差異與彈性很大,招商引資單位的組織形態和法律地位也各不相同。由困惑而謀求研究、理解和尋找因應之道,將累積的心得彙輯成文,也即本書的由來。

　　本書力求兼具學術與商務應用效益,通過了解、分析大陸通行的相關法學原理,與台灣的有關法律及制度作必要的比較,進而理解大陸的相關法律、法規和實務現況,為台商投資大陸爭取優惠條件和其他事宜提供了高級的法律指南。有關具體內容,各位自可根據興趣和需要去閱讀、參考。在此我謹希望並期待家亨通過深造,今後會有更多更好的作品問世,為兩岸經濟、社會發展多做貢獻。

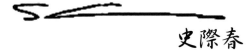

史際春

中國人民大學法學院教授、博士生導師

2006 年 6 月 12 日於北京

推薦序（二）

一把投資大陸最客觀理性的量尺

　　台商到中國投資，往往會受到中國地方政府投資優惠政策的吸引而目眩神迷，殊不知中國地方的優惠政策，就像天上的月亮，往往隨著地方執政者人事的變動，而初一十五不一樣！不過，台商基於全球化戰略的考量，又無法不到中國大陸投資。台商到中國投資，大致受兩個因素的影響，一個是中國優惠政策的吸力，以及全球化商業佈局的推力，尤其隨著台商進入中國邁入開墾期，越來越多外商參與角逐競爭，這時中國對台商的優惠政策，關係到台商面對外商時，是否能增加競爭力的關鍵因素之一。正當此時，林家亨法務長正式在台灣出版「大陸投資優惠條件的法律效力探索」這本書，剛好提供台商投資人一把客觀而理性的量尺，來評估如何進行大陸投資優惠條件的談判取捨。林法務長在書中特別提醒有意到大陸投資，或者現在正在著手進行投資談判中的台商投資人，切勿再抱持財大氣粗的財團勢力做談判籌碼的心態，以向地方政府強取豪奪超國民待遇的優惠條件而沾沾自喜，當知依法無據或逾越許可權限的優惠承諾，終究是歸於無效的，且日後恐無法律救濟求償的機會。

　　林家亨法務長是少數在產業界結合商業管理、法律、學術領域的跨領域人才，除鑽心研究、努力不懈外，任職於光寶集團時，成績斐然，擁有極為豐厚的國際企業、財經法學理論與實務經驗，並多次發表論文著作。他出的這本書，對台商有相當大的貢獻，在當今全球經濟體之下，剛好提醒台商應抱持更宏觀的視野與企業企圖心，以積極而正面的心態西進大陸，瞭解大陸現行經濟法律規定，尊重大陸中央與地方政府的行政權力及各項政策，以企業本身技術能力及管理經驗的優勢做後盾，運用大陸充沛人力與物資，不斷強化企業競爭力，同時留意大陸國家經濟政策與法律變革趨勢，預作適度的風險管理以順應變化，使台商在大陸的投資可以永續經營！

彭思舟

真理大學助理教授

推薦序（三）

　　在過去十年間，中國大陸全民力拼經濟，造就了其國內生產總值“翻兩番”的傲人成就，反觀台灣則因意識形態與政黨惡鬥結果，使經濟成長呈現前所未有之空轉及內耗窘狀。惟聰明勤奮的台商並未因此氣餒，更未因政府制定“戒急用忍”或“有效開放，積極管理”等限制政策而喪失西進大陸投資之先機。在此面對政府不鼓勵、不支持台商西進大陸投資，大陸於招商引資中又常視台商為外國人之條件下，本書作者提供其豐富實務經驗及專研經濟法的學理基礎，試圖幫助有心到大陸投資長遠立足發展的台商，於充分了解並完整評估大陸中央與地方政府的行政權力及各項經濟法規、政策後，得於知己知彼談判中積極爭取有效之投資優惠條件，值得稱許。

謝永誌

台灣台北地方法院所屬民間公證人

重慶聯合事務所　所長

致　謝

　　謹以本書敬獻給我的大陸經濟法啟蒙恩師暨指導教授史際春老師，及人大法學院所有曾給予我指導、勉勵與學習協助的可親可敬的老師們，還有對我經常的瑣碎諮詢不厭其煩協助解惑的法學院博士研究生辦公室黃曉蓉老師，以表達我對老師們最真摯的敬愛與感謝！也以本書敬獻給母校輔仁大學法學院李欽賢老師及楊敦和老師（現任職聖約翰科技大學校長），感謝母校恩師對我十多年如一日的師生情誼與教誨鼓勵！

　　也在此特別感謝人大法學院碩士班學長鄧海桑先生，協助我蒐錄寶貴法令資料。感謝碩士班同窗暨人大法學院博士生肖竹小姐，隔海助我完成論文付梓及安排答辯事宜。也要感謝公司主管林行憲先生及黃夢華女士，給予我派駐北京帶職進修的機會。最深深感謝我的賢內助逸蓓，於我赴京期間持家教子之辛勞！

　　黃紙丹心，永銘謝忱！

林家亨

2006 年 6 月 10 日

目　錄

前 言

　　中國大陸自 1949 年共產黨執政以來，長達三十年的鎖國時代，使得大陸的經濟發展與世界潮流脫軌，影響所及，讓台灣的執政者除了挾 1895 年馬關條約割讓台灣與大陸主權分離的歷史藉口外，更以兩岸民主政治與生活經濟水準差距懸殊等理由，阻隔了同為中國人的台灣海峽兩岸人民往來交流近四十年。

　　時移勢易，風水輪替，大陸自從 1978 年十一屆三中全會起，決定實施改革開放政策後，全中國大陸的各種產業均開始配合政策從事改革，開始與世界其他國家接觸，觀察學習資本主義的經濟模式，並逐步實施經濟開放改革政策，推動社會主義下的市場經濟，過去二十年間已成功地「翻一番」，創造出經濟成長的傲人成績！當全球經濟發展到了二十世紀末期已由盛而衰跌入景氣循環谷底的時後，大陸相對地因為保留了豐富的天然物資與充沛人力資源等經濟發展的實力要素，反而在二十世紀末期呈異軍突起之勢，在全球經濟近十年景氣谷底期間，中國大陸反而是經濟大躍進，成為經濟成長率一枝獨秀年年翻升的國家，其吸引來自全球各地投資熱錢的超級魅力更如同宇宙超級大黑洞，十年前大陸一年吸收的海外直接投資（FDI）為二佰億美元，如今一年已突破六佰億美元，目前中國已是僅次於美國、英國的全球第三大外

資流入國[1]，更於 2006 年超越了日本成為外匯存底全球排名第一
的國家[2]。中國在二十世紀末的後二十年順利實現了使國內生產總
值「**翻兩番**」的目標，而大陸如此紅紅火火的經濟發展榮景無可
置疑地將會持續下去，已可合理預見大陸未來十年經濟發展成果將
會順利達成「**新兩番**」[3]的新目標甚至超越，美商高盛證券經濟研
究部門的《99 號報告》更分析推估全球各國經濟成長曲線後指
出，「金磚四國」（BRICs）中的中國將在西元 2041 年取代美國當
老大，成為世界經濟體的新霸主[4]！

---

[1] 據「聯合國貿易暨發展會議」(UNCTAD)2005 年 9 月 29 日公布「2005 年
世界投資報告」資料，2004 年中國的外國直接投資額達 610 億美元，在
全球範圍內僅次於美國 960 億美元和英國 780 億美元。而 2004 年進入台
灣的 FDI 從前年的四億五千萬美元，回升到十八億九千萬美元，但在亞
洲四小龍中仍然墊後，全亞洲地區排名第八。報告中並指出 2005 年至 2009
年間對跨國企業最有吸引力的海外研發據點為：中國大陸（晉升為第 1
名）、美國、印度、日本、英國等地，台灣則與新加坡等地並列第 9 名。

[2] 中國國家外匯管理局 2006 年 11 月 6 日證實，中國的外匯存底於 2006 年
二月達到 8526 億美元，首次超過日本成為全球第一，而至 2006 年十一
月，中國外匯存底已突破一兆美元，穩坐全球外匯第一大國地位。

[3] 中國在 20 世紀的後 20 年順利實現了使國內生產總值翻兩番的目標。江
澤民在中共十六大報告中提出了全面建設小康社會的目標，其中包括到
2020 年中國國內生產總值力爭比 2000 年翻兩番，綜合國力和國際競爭力
明顯增強。中國社科院財貿所楊聖明提出，要全面理解新兩番的理論與
現實意義。楊聖明說，十六大報告提出，「在優化結構和提高效益的基礎
上，國內生產總值到 2020 年力爭比 2000 年翻兩番。」這個翻兩番比 1982
年黨的十二大提出的 2000 年比 1980 年「全國工農業的年總產值翻兩番」
（簡稱「舊兩番」）具有許多新特徵，故稱「新兩番」。《經濟日報》2003
年 1 月 6 日，青島新聞網 2003-01-06。

[4] 2003 年 10 月 1 日，美商高盛證券經濟研究部門的《99 號報告》，運用最
新的人口統計預測、資本累積和生產力模型後，得出全球各國經濟成長
曲線後指出，「金磚四國」—巴西(Brazil)、俄羅斯(Russia)、印度(India)
及中國(China)經濟崛起，合組四國的起首英文字母，稱之為"BRICs"（發

　　與大陸一峽之隔的台灣，由於先天海島地形彈丸之地的地理限制，天然資源有限，再加上全球自二十世紀末開始的經濟不景氣，國際間經濟市場競爭日益激烈，台灣企業為了「開源」與「節流」競爭求生基本法則的需求，除了一方面努力開發產品與國際市場外，轉移投資到大陸，藉重大陸充沛且物美價廉的天然物資與勞動人力，再加上毫無語言溝通障礙，台灣企業投資大陸，並將台灣經驗在大陸翻版複製甚而發揚光大，便成為台灣企業要繼續在國際市場生存競爭的不二選擇。在現實經濟發展客觀條件需求，與台資企業大陸營運已經逐漸成形上軌的經濟模式前提之下，越來越多的台商已跟進大陸或持續加碼投資，在大陸各地廣設營運據點。而大陸本土產業也開始學習運用資本主義的市場經濟模式在大陸搞自由經濟，而長久以來保守的中國政府機關也開始將「產官一體」的國有企業導入市場經濟模式，創造了豐碩的國庫收入，甚至更進一步將國有企業民營化，以便更充分靈活運作，這種種經濟活動現象已充分展現出大陸是個正蓬勃發展方興未艾的新興經濟市場，這是值得兩岸華人普天同慶的喜訊！

　　但接踵而至另一個層面的問題是，中國大陸在逐步開放內地市場給這些內外資企業的同時，應該如何在招商引資吸收外資及企業經驗，與合理保護本國產業的雙重需求下取得平衡點？應該

音類似英文的磚塊 Brick），預測他們將逐步取代全球前六大經濟體的地位。其中，中國在未來兩年超過德國，在十一年後超過日本，在 2041 年將取代美國，成為世界第一大經濟體。台灣《商業週刊》2005 年 2 月 901 期 P. 100～P. 115。

如何有效地同時兼顧市場自由競爭與法律合理制約的要求？而這些在大陸的內外資企業，又應該如何在大陸社會主義市場經濟的法律體制下，有效率且合法地進行企業營運發展？特別是大陸自2002年加入「世界貿易組織」（WTO），且持續實施「宏觀調控」政策，刻意為投資過熱的投資市場降溫之後，這些已經在大陸投資，或正準備前往大陸投資的台商，應該有什麼樣的認知理解？若日後因大陸投資政策法令變更調整，導致投資爭議糾紛發生時，台商有無尋求法律救濟保護的機會？大陸的企業、經濟相關立法是否已經完備了？大陸在社會主義下進行市場自由經濟，大陸政府在這有限度開放自由競爭的市場中，是扮演球員、裁判或是球員兼裁判的角色？這些都是值得深入探討的經濟法律學術議題，也是大陸各地方政府及外資投資人面臨到的實際操作問題，不但是政府機關應該明確建制立法及執法標準規範的課題，更是許多在大陸台商及其他內外資投資人急於知道如何遵循的遊戲規則。

筆者前後在台灣的金融業及代工製造業的法務部門服務十多年，日常工作負責的業務中即包括大陸投資及後續在大陸營運過程所遇到的種種法律問題，因此深知台商投資大陸所關切及面對之問題，也因此萌發赴大陸進修之動機。茲有幸能於2002年考取大陸一等學府中國人民大學碩士班就讀，並以經濟法為攻讀專業，於人大法學院多位在各法學領域學術專精的教授們勉勵與指導之下，筆者對大陸經濟法專業相關法學小有研習心得，並且將

日常工作所遇疑惑在人大的學術殿堂裏一一找到了解答，獲益非淺！是以在本書中，筆者將依過去工作之經驗，以台資企業投資大陸所遇到的實務問題為經，以大陸經濟法相關法令規定及現行實務操作現況為緯，來分析探討台商投資大陸協商爭取優惠條件時，應該注意的一些法律問題，及應該有的正確投資心態，希望能為在大陸的台商及有意到大陸投資的台商，提供足堪參酌的資料。

尤有甚者，更希望能藉由本書，為促進海峽兩岸經濟互動更加融合發展略盡綿力，藉由兩岸經濟合作發展共存共榮的現實需求，維持兩岸長遠的和平共處，更藉此突顯出兩岸人民同源而生的事實，期望海峽兩岸能自民生與經濟層面的融合統一，早日突破政治層面的僵局而邁向和平統一之路，共同為成為世界經濟強權國家的新中國而努力，實現國父孫中山先生所言「二十一世紀是中國人的世紀」的世紀預言！

林家亨

Chapter 1

台商在大陸投資之公司

台灣企業擬前往大陸投資營運，一般而言，必須先在大陸設立公司完成法人註冊登記取得法人資格，才能以一合法權利主體身份，在大陸購買或租賃土地、興建廠房、採購所需設備，取得產權或使用權利，公司始能在大陸正式營運發展，進行招聘員工、採購原物料、產品生產銷售及履行各項法定稅賦繳納義務等等公司營運活動。而台商應該依據什麼法律設立什麼樣的公司形態？在大陸設立的公司與台灣企業主已熟悉的台灣公司比較，在公司形態及股東法律責任上又有何區別？這是所有準備在大陸投資的台商首先就必須瞭解的基本課題。本書之始，即先從基礎法學及大陸現行法規加以概要介紹說明。

1.1 公司的基本涵意和本質特徵

1.1.1 公司的基本涵意

在漢語中，「公」含有無私、共同的意思，「司」則是指主持、管理，二者合在一起就是眾人無私地從事或主持其共同事務的意思。從法制史追本溯源考證「公司」此一名詞之由來，目前所知文獻中最早出現「公司」字樣，是康熙 23 年（1684 年）福建總督王國安上奏康熙皇帝，報告在廈門扣押了原反清的鄭成功政權屬下要員劉國軒和洪磊的兩艘大船，內載「公司貨物」若干，其

原文為：「冊開公司貨物鉛貳萬陸千肆百捌拾斤，蘇木壹拾貳萬斤、錫肆萬斤，……」，「開明公司貨物乳香壹千玖百斤」。

在商事組織的意義上使用「公司」一詞，大致年代應為十九世紀初或更早一些（十八世紀末），據說這是由海外天地會的工商界人士返傳回大陸的。十九世紀上半葉，華夏門戶被打開，西方國民湧入中國經商，國人漸次在商事組織的意義上使用「公司」一詞。清代學者魏源（1794～1857）對西洋人的「公司」所作的描述，即反映了當時國人對商事公司的初步認識，他生動地寫道：「西洋互市廣東者十餘國，皆散商無公司，惟英吉利有之。公司者，數十商輳資營運，出則通力合作，歸則計本均分，其局大而聯」，是將商人間的合資、合力經營定義為公司。其時，關於公司的譯名還很混亂，除了以英語「Company」與荷蘭語「Compagnie」音、義結合的譯名「公班衙」外，還有「公班牙、公班衛、公班壹、甘巴尼、康邦宜」等多種關於公司的稱謂。對外來事物的稱呼最初都是很混亂的，「公司」以其名實相符，意義貼切，並頗具中國特色，而在各種稱謂中脫穎而出，延用之今[1]。

從魏源到 1904 年大清《公司律》和早年的公司法著作，對公司的認識均處於質樸狀態。《公司律》中規定，凡湊集資本共營貿易者為公司；又如王孝通稱：「公司者，多數之人以共同經營營利事業之目的，湊集資本，協同勞力，互相團結之組織體也。」[2]。

[1] 史際春、溫燁、鄭峰合著《企業與公司法》P. 155～P. 157，中國人民大學出版社，2002 年 8 月版。
[2] 王孝通著《公司法》，第 1 頁，上海商務印書館，1912 年。

然而，公司概念的最基本涵義，正是指不同主體為實現共同目的及從事共同事業之結社，這種通常為經濟目的的結社在現代是必須受到法律的調整和嚴格規範。如同台灣的《公司法》第一條開宗名義對公司的定義謂：「本法所稱公司，謂以營利為目的，依照本法組織、登記、成立之社團法人。」，大陸的公司依據《中華人民共和國公司法》第二條規定：「本法所稱公司是指依照本法在中國境內設立的有限責任公司和股份有限公司。」，二者都強調公司必須是「依照本法」，也就是必須依造公司法的規範來設立公司及進行營運，因為公司雖然是私人的結社組織，但其經濟行為將直接且密切影響到社會大眾，故必須以明文法律來加以規範其經濟行為的基本遊戲規則。

1.1.2 公司的本質特徵

由前述公司的基本涵義，可以歸納出公司具有以下的本質特徵：

1.公司是一種團體或組織，相對於自然人而存在

(1) 公司一般是由兩個或兩個以上具有不同利益的主體聯合而成的，雖然晚近在各國法律上也承認由單一利益主體設立或控制的組織可採取公司形式，如國家或某一企業、機構獨資設立的公司和自然人的「一人公司」等，大陸公司法也對國有獨資公司作了規定。單一主

體投資或控制的組織、團體之所以被稱為公司，這是
社會經濟發展所導致的對公司基本內涵的引申，也可
能是公司本身或其概念使用上的一種特例。

(2) 公司作為組織體，其人格和財產在不同程度上與其成
員的人格和財產相分離。例如股份有限公司這類組織
設計較精緻嚴謹的公司，公司的人格和財產與其成員
的人格和財產，在形式上和原則上是完全相分離的，
公司與其股東互不承受對方的權利或義務。在無限公
司和兩合公司等組織設計相對較不精緻嚴謹的公司形
式，人格與財產分離是相對的，在公司資產不足以清償
債務時，無限責任股東就必須為公司的債務承擔責任。

(3) 在符合法律規定條件的前提下，公司成員的變更不影
響公司的存在和活動，即公司的存續不受自然人生命
的限制，具有「永續性」，這也是公司做為組織體的一
種必然結果反映。

2.公司必須「依法設立」

(1) 公司通常是依公司法設立的。在民商法分立的大陸法
系國家，公司通常是依商法典中關於公司的編章或單
行的公司法規設立的，例如中國大陸及台灣都分別定
有獨立的《公司法》來規範公司的組織及運作。在民

商法合一的英美法系國家，則公司是依民法典或作為民事特別法的公司法規設立的。

公司除了依公司法設立外，還有兩種依法設立的情形：其一為依特別法或行政命令而設立，例如「長江三峽工程開發總公司」、「國家開發投資公司」等，是依國務院的行政命令而設立的。在國外則稱依專門的法律或條例設立並運作的公司為特殊公司、特殊企業、特殊法人、法定公司或法定機構等，它們在組織上不受公司法或民商法的約束調整。台商對這一類型的公司必須特別加以瞭解，因為台商投資大陸在大陸大多數的經濟開發區談投資條件簽署投資合同時，往往交涉或簽約的對象就是這一類依特別法或行政命令而設立的公司，其影響所及乃在於日後若對投資協議內容發生爭議時，法律救濟程序將因締約主體不同而有所不同。另一種為公司的設立及運作必須同時適用公司法和其他的企業法或行業管理法，甚至應以其他法律為主。例如大陸目前設立中外合資、中外合作的公司和外資公司，適用的法律主要即是所謂的「三資企業法」，即《中華人民共和國外資企業法》、《中華人民共和國中外合資經濟企業法》及《中華人民共和國中外合作經濟企業法》三個外商投資企業法。又例如以公司形式設立銀行、保險公司等金融企業，新聞、出版、廣播

電視機構等組織，首先必須先適用銀行法、保險法、新聞出版法、廣播電視法等特別法規，其次才適用公司法或一般民商法規的原理原則，此即「特別法優先於普通法」的適用原則。

(2) 公司必須遵守法定的組織形式。投資者設立公司時，可以在法律規定的公司形式中任選其一，但不得採取法律所未規定的公司形式或自創公司形式。例如在台灣設立公司，依台灣的《公司法》第二條規定有四種公司種類：「無限公司」、「有限公司」、「兩合公司」及「股份有限公司」。而在大陸設立公司，依《中華人民共和國公司法》第二條規定，只有「有限責任公司」和「股份有限公司」兩種公司形態才是大陸公司法所承認的公司，台灣的「無限公司」及「兩合公司」在大陸是不許可設立的，台商應予以注意。

(3) 公司依法設立而獲得獨立或相對獨立的法律人格。公司依法設立後，法律始承認其具有獨立或相對獨立的人格（法人格），依大陸公司法第 3 條第 1 款規定：「有限責任公司和股份有限公司是企業法人。」，也就是說，在大陸依公司法設立的公司都是經營性的法人，可以僅以公司資產對公司債務承擔有限責任。若是台灣的「無限公司」或「兩合公司」，則其無限責任股東就必須為公司債務承擔無限責任。

3.公司必須在法律許可的範圍內從事活動

公司是為了一定的目的而設立的組織體，其權利能力須受法律許可的公司營業目的範圍的限制。公司只能在法律、公司章程和有關機關審批核准的營業宗旨範圍內活動，否則即構成違法或違規，公司、公司負責人及相關行為人就必須負擔相應的法律責任。

1.1.3 「泛公司化」的公司

通說所稱的「公司」，通常是指形式意義上依據公司法設立和運作的企業，但由於公司具有的團體性和依公司法設立的法律組織形式，已經被廣泛地認同與應用，使得公司的概念出現泛化現象，於本文中介紹幾種「泛公司化」的公司，以便參照理解。這原本該是枯燥的學術理論研究課題，但因為台商大陸投資實務上常常會遇到這類性質的公司，因而有加以研討瞭解的必要。

1.由不同主體和資本聯合性的組織，具有某種與「公司」類似的權益制衡機制或組織機構的組織，例如單純的國有企業，尤其是單一財政主體投資設立的企業，其出資者或股東只有一個，本不符合「公司」的基本構成要件，但通過引進某種委員會（例如：AA 高新技術產業開發區管理委員會）或董事會、監事會的集體決策機制，就將其稱為公司或國有獨資公司。這種泛公司化的公司，在大陸各地的經濟開發區裏尤為常見，通常都是這一類性質的公司來負

責招商引資，並負責與投資者洽談投資條件並簽定投資
合同。

2. 由母公司設立的全資子公司，子公司的股東實際上只有母
公司一家，而且往往在經營上必須服從母公司的政策，甚
至服從其對某項交易的具體指示，但由於子公司也是依公
司法設立運作，在形式上也可能即由母公司的數個股東及
董監事登記為子公司的股東及董監事，因而各國法律通常
都認可子公司亦為獨立的公司，成為國際投資通行的作法。

3. 由於公司的企業性或經營性，將「公司」引申為企業同義
語、同義詞。在市場經濟發達的國家地區，一般合夥、有
限合夥、隱名合夥、合作社等各種企業，乃至自然人的獨
資企業和非企業團體，都可以稱為「公司」，無論在大陸法
系或英美法系地區都是如此[3]。在香港特別行政區的法律，
甚至允許自然人的獨資企業和合夥商號的名稱中含有「公
司」或「Company」的字樣。但是在大陸則採較嚴謹的態
度，大陸的《個人獨資企業法》中第 11 條以「個人獨資企
業的名稱應當與其責任形式及從事的營業相符合。」模糊
規定搪塞之，但實踐操作中依工商行政管理部門的解釋，
則不允許個人獨資企業的名稱含有「公司」字樣。

---

[3] 范健著《德國商法》，P. 85～86, 北京中國大百科全書出版社，1993。《牛
津法律大辭典》，P. 188, 北京光明日報出版社，1988。

1.1.4 企業與公司

1.企業在台灣與大陸成文法中的使用現況

　　在台灣，「企業」一詞雖然不是陌生的用語，一般常聽到「關係企業」、「企業家」這樣的名稱，一般人所認知的「企業」似是「公司」的同義詞，是相同的概念。但「企業」一詞在台灣卻不是一個慣用的法律用語，在正規的法律或行政命令中很少用「企業」一詞，只有「企業淨值」[4]、「關係企業」[5]用語零星出現在公司法中，在台灣的「六法」法律體系中也只有《公司法》一部成文法。而後雖於 2002 年 2 月 6 日公佈施行《企業併購法》，首度出現了冠以「企業」為名的成文法律，但有趣的是，審視整部《企業併購法》的條文內容共 50 條一萬一千餘字，卻只有出現四次「企業」名詞，連第 4 條「本法用詞定義」的規定，有對「公司」定義卻無「企業」的定義，《企業併購法》全文仍然是慣用「公司」一詞，空有《企業併購法》名稱，可見在台灣的立法體例上對「企業」此一用詞概念的陌生。

---

[4] 台灣《公司法》第 15 條「公司之資金，除有左列各款情形外，不得貸與股東或任何他人：……二.公司間或與行號間有短期融通資金之必要者，融資金額不得超過貸與企業淨值的百分之四十。……」。

[5] 《企業併購法》第 1 條「為利企業以併購進行組織調整，發揮企業經營效率，特制定本法。」，「企業」出現兩次。第 44 條「為鼓勵企業合併、收購、分割，符合下列各款之一者，適用促進產業升級條例第二十一條之規定：……。」及第 45 條「公司因合併、收購或分割而逾越銀行法令有關關係人或同一人、同一關係人或同一關係企業授信額度規定者，金融機構得依原授信契約至所訂授信期間屆滿為止。」，各出現一次，總計共使用了四次「企業」名稱。

而在大陸，「企業」與「公司」是兩個不同的且被普遍使用的法律概念名詞，立法體例中也有許多冠以「企業法」名稱的成文法，例如《中華人民共和國全民所有制工業企業法》、《中華人民共和國鄉村集體所有制企業條例》、《中華人民共和國城鎮集體所有制企業條例》、《中華人民共和國中外合資經營企業法》、《中華人民共和國外資企業法》、《合夥企業法》等，而大陸也訂有《中華人民共和國公司法》，可見《企業法》與《公司法》在大陸是兩個不同的卻同時併存的成文立法，也因此常常使得初來乍到大陸的台商投資人對「企業」與「公司」二者感到困惑，究竟「企業」與「公司」的涵義有何不同呢？

2.企業與公司的概念

「企業」是經營性的從事生產、流通或服務的某種主體，作為概括的資產或者資本和人員集合之經營體，企業也可以作為交易的客體。該詞源於英語中的「enterprise」，原意為企圖冒險從事某項事業，後來用以指經營組織或經營體。日本用漢字將其意譯為「企業」，並傳入中國[6]。

企業主要不是法律概念，它基本上是一個經濟概念。因為「企業」不同於「公司」、「合同」等概念，後者本身即可反映出股東

---

[6] 史際春、溫燁、鄭峰合著《企業與公司法》P. 2，中國人民大學出版社，2002 年 8 月版。另參《漢語外來語詞典》P. 284，上海辭書出版社，1984。

與債權人、債權人與債務人等社會經濟活動當事人之間的某種法律關係，而「企業」的概念只能反映某一主體具有經營的性質。

「公司」通常是指不同利益主體為了實現某種共同目的及從事共同事業而依《公司法》成立的企業法人。依照《中華人民共和國公司法》的規定，公司是企業法人，在其他國家，公司的多數也是經濟性的組織。因此，公司是企業的主要組成部分。公司又不限於作為企業的法律組織形式，非企業乃至公共團體也可採取公司的形式，國外如醫院、教堂、學校，大陸現已有足球俱樂部、演藝和出版單位等，依法成立為公司。歷來中央政府部門和地方政府在港澳地區設立的辦事機構，也多在當地登記設立為公司。所以，公司和企業的概念在外延上是交叉的，企業包括公司，公司的多數是企業；而公司未必都是企業，企業也不全都是公司。

而規定企業的法律地位及調整其內外部組織關係的法，便是《企業法》。《企業法》是以企業這種組織或主體為規範物件，規定及調整企業的設立、變更、終止、企業的法律地位和能力、企業的資本、出資者相互之間及其與企業的關係、企業的內部組織機構、企業與其他組織間的控制與被控制關係等。

公司和企業的根本區別，不在於其外延上的差別，而在於二者是從不同的角度來描述某一團體或組織的特性。「公司」的概念，著重反映某一組織的民事法律地位及其成員和資本的聯合性，較具有法律性。人們從「××公司」的名稱，一般即可知曉其具有主體和資本的聯合性，並可瞭解其成員承擔民事責任的方

式。「企業」的概念，則是著重反映某一組織體具有經營的性質，
因而較具有經濟性、商業性。人們從「××企業」的名稱，可以
瞭解該組織須進行經濟核算，關注投入產出的經濟效益或社會效
益，但無從瞭解其民事法律地位。因此，如將這兩個概念結合起
來，則可較為全面的反映某一社會組織的性質[7]，也才能理解大陸
經濟法領域與「企業」相關立法的意旨。

1.2 台商在大陸設立公司的形態

　　按照不同的學理標準，公司可以分成不同的種類，各種劃分
在理論或實踐上都有一定的意義，本文僅針對台商大陸投資設立
公司可選擇的公司形態，及在簽署投資合同時對造當事人的公司
形態法人性質做探討，因為對這些不同公司形態的法人性質的確
認與瞭解，將與日後萬一發生投資爭議時的法律救濟方式有密切
關聯。

1.2.1 以公司適用法律的性質和範圍為標準的分類

　　這是對公司最基本的分類，按公司適用法律的性質和範圍不
同，可以將公司分為：

---

[7] 史際春、溫燁、鄭峰合著《企業與公司法》P. 2～P. 5, 中國人民大學出版
　社，2002 年 8 月版。

1.依公司法及其相關法規設立的公司

在資本主義國家，依公司法及其相關法規設立的公司，為私法或民商法上的公司，或稱商事公司、普通公司，特徵是具有經營性或商事性，需要進行工商登記註冊，在英國、香港和台灣等地區又稱為註冊公司，公司設立註冊登記及後續經營運作，都必須依照公司法及其它相關法規（例如：公司登記管理條例）的規定。

「合作社」的性質雖然在學理分析上與「公司」有很大差別，但基於多數合作社的經營性或企業性，合作社也被歸類於私法上的一種公司或企業，也就是前述「泛公司化」的公司形式。

2.依特別法或行政命令設立的公司

依特別法或行政命令設立的公司為法人性質特殊的公司，屬於特殊企業或法定機構的範疇，可謂經濟法或公法上的公司。這類公司在世界各國普遍存在，其數量雖在公司中不占多數，但往往具有重要地位。它們經政府授權，從事政策性經營活動或兼顧營利，並承擔一定的管理職能。在大陸由國務院決定設立的行業總公司、投資公司、資產管理公司和其他一些公司，承擔著一定的政策性或管理的職能，或者從事能源、交通、金融、投資、航空航太、軍工等關係國計民生的重要活動。這類一般不受《公司法》拘束調整的公司，今後也將在一定範圍內繼續存在。

依特別法或專門法規設立的公司，通常由政府控股，即使政府不控股或完全由私人投資，公司也必須承擔特定的義務，執行一定的政策，並接受相應的管制和監督。發達國家在設立特殊公司的法律法規中，通常對所要設立的公司的名稱、資金來源和組成、業務範圍、組織機構及其人員的產生、財務會計制度等，直接予以規定。

由國家特許經營的電力、自來水、煤氣、交通運輸等私營特殊公司，則除了依法獲得一定的特權，如一定範圍的壟斷經營權、一定的管理職能、獲得資金和稅收方面的優惠、有權徵用土地、豁免某些反壟斷法的條款之外，他們在價格、經營方式、經營領域等方面，仍然必須在不同程度上受政府直接控制，這樣做的目的，是為了滿足公眾需求及避免對公眾造成不便。

3.依民法或商法設立的公司

在民商法分立的國家，依適用民法或商法的不同，把公司分為「民事公司」和「商事公司」，以及各國都可能因某種國情所致法律適用上的特殊性，而區分出某種特殊的公司或企業類型。如在法國，建築師、律師、會計師、專利顧問、公證人等專業人士職業的事務所均屬民事公司（societe civile），不適用《商事公司法》。

1.2.2 以公司資本結構及股東對公司債務承擔責任方式 為標準的分類

這種分類方式是大陸法系國家民商分立制度下最普遍的方式，也是大陸和台灣的公司法明文規定公司種類的方式，但大陸與台灣公司法上承認的公司是不一樣的，茲就兩地法律規定比較如下：

1.有限公司

有限公司指股東就其出資額為限，對公司負其責任之公司。有限公司由數額不多但相對穩定的若干特定股東組成，大陸《公司法》第 20 條規定有限公司的股東人數通常是 2 人至 50 人之間，國家授權的機構或部門可以單獨設立有限公司。《中外合資企業法》第四條規定中外合資經營企業的形式為有限責任公司。有限公司是台商在大陸投資設立公司最普遍的形式，因為台商在大陸設立公司是依據《中外合資經營企業法》、《中外合作經營企業法》或《外資企業法》（通稱為「三資企業法」），其中《中外合資經營企業法》第 4 條明文規定中外合資「**合營企業的形式為有限責任公司**」，《中外合作經營企業法》則未明文規定，但學理性質與實務操作上是類推適用《中外合資經營企業法》規定，認為中外合作經營企業的形式也必須為有限責任公司。而台商普遍是依據《外資企業法》以獨資形態設立公司，依據《外資企業法實施細則》第 18 條規定：「**外資企業的組織形式為有限責任公司。經批准也**

可以為其他責任形式。」，雖然立法給予外資獨資企業有以其他責任形式申請設立公司的機會，但一般台商的獨資企業仍以有限公司形式居多。

台灣公司法就有限公司的股東人數規定，舊法為 5 人以上 21 人以下，2001 年 11 月修訂公司法時效法德國規定[8]，將有限責任公司股東改為一人也可成立有限責任公司[9]。

有限公司的投資經營具有「封閉性」、「非開放性」，這是有限公司的基本特點，有限公司不得向社會公開募集資金，不得發行股票，股東出資的轉讓須受法律和公司章程的約定。

2.股份有限公司

大陸《公司法》第 2 條 3 款規定：「**股份有限公司，其全部資本分為等額股份，股東以其所持股份為限對公司承擔責任，公司以其全部資產對公司的債務承擔責任。**」，台灣公司法股份有限公司之定義與大陸幾乎相同[10]。股份有限公司股東以其出資為限，對公司債務間接地承擔有限的責任，這一特點與有限公司是一樣的。但是股份有限公司與有限公司相比，其股東人數較多，公司資本須分為等額的股份，可以自由轉讓，可以公開募股，上市公

---

8 德國《有限責任公司法》規定：有限公司「由一人或數人設立」。
9 台灣《公司法》第 2 條 1 項 2 款：「有限公司：由一人以上股東所組織，就其出資額為限，對公司負其責任之公司。」。
10 台灣《公司法》第 2 條 1 項 4 款：「股份有限公司，指二人以上股東或政府、法人股東一人所組織，全部資本分為股份；股東就其所認股份，對公司負其責任之公司。」。

司的股份可以在交易所自由買賣流通，隨著股份的流通，股東也隨時處於變動狀態中，因此，股份有限公司具有「開放性」及「公眾性」的特點。

鑒於股份有限公司的開放性，法律對股份有限公司的設立條件和監管條件規定，要比有限公司和其他公司嚴格的多。如大陸《公司法》第 75 條規定：「**設立股份有限公司，應當有 5 人以上為發起人，其中須有過半數的發起人在中國境內有住所。國有企業改建為股份有限公司的，發起人可以少於 5 人，但應當採取募集設立方式。**」其他國家對股份有限公司股東人數也有較高的要求，如在允許一人設立有限公司的國家，未必允許一人設立股份有限公司，台灣的公司法對有限公司及股份有限公司股東人數要求亦是其中一例。股份有限公司的組織管理制度比較穩定，已成為現代市場經濟社會中多數大企業的組織模式，在經濟中起主導作用。

3.兩合公司

所謂「兩合」，指經營資本與經營管理勞務的結合，或者指無限責任股東與有限責任股東的結合。「兩合公司」指一人以上無限責任股東，與一人以上有限責任股東所組織，其無限責任股東對公司債務負連帶無限清償責任，有限責任股東就其出資額為限，對公司負其責任之公司[11]。其中無限責任股東是公司的實際經營管理者，有限責任股東則通常是不參與經營管理的出資者。

---

[11] 台灣《公司法》第 2 條 1 項 3 款。

與無限公司相比，兩合公司的經營者可以從不參與經營的出資者處獲得資金，有利於經營的穩定和發展，更重要的是，難以通過正規的金融機構管道獲得資金的科技成果發明者或擁有者，可藉此從信賴其技術、人格和能力的投資人那裏獲得資金，從而使得兩合公司和有限合夥成為知識經濟時代風險投資的重要法律形式。兩合公司的缺點，則是出資者基於信任將資金交給經營者後，便任由經營者支配，很難再加以控制或轉讓。

4.無限公司

無限公司又稱「合名公司」，指由兩個以上股東組成，全體股東對公司的債務承擔無限連帶責任之公司[12]。中國清末頒佈的《公司律》中就有無限公司的規定，當時稱為「合資公司」，1914 年北洋政府頒佈公司條例，正式將其稱為「無限公司」，並為台灣目前的公司法沿用至今。但大陸目前因為在法學和立法、司法上將法人同其自身獨立承擔責任及成員的有限責任相聯繫，不承認無限責任法人，並認為公司應該都是法人，因而在大陸的公司法中並沒有規定無限公司[13]。實務上，無限公司因其股東承擔的責任過重，無限公司在當今社會並不受投資者歡迎。

---

[12] 史際春、溫燁、鄭峰合著《企業與公司法》，P. 161,中國人民大學出版社，2002 年 8 月版。

[13] 台灣《公司法》第 2 條 1 項 1 款：「無限公司：指二人以上股東所組織，對公司債務負連帶無限清償責任之公司。」。

5.股份兩合公司

這是由一個以上的無限責任股東和一個以上的有限責任股東所組成，公司資本分為等額股份的公司。股份兩合公司與兩合公司很相似，也是由無限責任股東為主導，無限責任股東是公司的設立者和實際控制者、經營管理者；而有限責任股東是單純出資者，對公司的經營管理只有監督權。但公司的資本須分成等額股份，有限責任股東可以召開股東會、擔任公司監事等方面，又不同於兩合公司，而與股份有限公司相像。然而，由於股份兩合公司的無限責任股東憑藉個人的信用與經濟能力，難以像股份有限公司那樣向大眾公開募集大量的股本資金，而且其對公司的經營和債務所負的責任，較之於有限責任股東來說顯得過重。因此，股份兩合公司自十八世紀末自法國問世以來，一直未廣泛發展。台灣於 1980 修改公司法時刪除了股份兩合公司，大陸的公司法目前也未承認股份兩合公司的公司形態。

在上述五種公司組織形態中，台灣的公司法第 2 條規定了「無限公司」、「有限公司」、「兩合公司」、「股份有限公司」四種[14]，大陸的公司法只有規定了「有限公司」及「股份有限公司」兩種[15]，而股份兩合公司則是大陸與台灣都未接受的公司種類。

---

[14] 台灣《公司法》第 2 條第一項規定參照。

[15] 《中華人民共和國公司法》第 2 條規定：「本法所稱公司是指依照本法在中國境內設立的有限責任公司和股份有限公司。」。

1.2.3 以公司股本來源和性質為標準的分類

公司的資本有不同的來源，依出資主體及其財產的性質，可以將公司分為國有或公營公司、合作或集體所有制公司、私營或民營公司、外商投資公司等。這個分類方法對台商的意義，主要在於瞭解與大陸各開發區簽署投資合同時的對造法人地位，進而瞭解對造是否有承諾提供優惠條件的權力，日後因投資合同內容發生爭議時應採取公法或私法訴訟救濟途徑，這都與對造公司的法人性質有關。

1.國有公司

這是指由國家授權投資的機構或部門、國有企業等單獨或聯合投資的公司，其中，國有資產或股份的管理和經營，既要適用《公司法》，又要遵守有關國有資產管理的法規。由一個財政主體設立的國有獨資公司和幾個財政主體聯合投資的有限責任公司，當然是國有公司。國家與民間私人共同投資經營的公司，被稱為國家參股公司、公私合營公司、混合公司等。但從法律上講，國家在公司中的股份和表決權超過 50%的，就是國有公司，德國、韓國的法律上對此均有規定。另外，國家參股未達 50%，但實際上由國家控制的公司，也屬於國有公司。例如，德國把政府參股達 25%以上，其他股東均為小股東的大企業，視為國有[16]；在新

---

[16] 史際春、溫燁、鄭峰著《企業與公司法》，P. 173, 中國人民大學出版社，2002 年 8 月。

加坡國家控股公司控制的國有公司中，國家資金參與的份額有的僅占 5%左右[17]；日本國有企業中的特殊公司，如日本電信電話株式會社、日本航空公司等，即使政府投資未達半數，也都由國家予以控制[18]。

依國際慣例，所謂「國家所有」，僅指中央或聯邦所有，地方所有如州有、省有、市有、鎮有等，則只能稱「地方公有」或「公有」，而不能稱為「國有」。所以，在日本，有「公營事業」和「公營公司」的概念。從理論上說，公營事業和公營公司應包括國有事業和國有公司，即「中央」投資或控股的公司在內，而實際上，所謂「公營事業」和「公營公司」，僅指地方政府投資或控制的公司或企業，以及地方與中央合營的公司或企業。

大陸在法律和理論上則明確國家所有權是全民所有制的法律表現形式，國家所有權由國務院即中央政府代表國家統一行使，地方和政府部門都是國家的組成部分，它們依法或經授權管理一定範圍內的國有財產。因此，在大陸沒有地方所有的公司或企業，由中央或地方設立或控股的公司或企業，都屬於國有公司或國有企業[19]。

---

[17] 參程恩富著，《做大不靠政府優惠》，載《新民晚報》，1998-05-16(9)。

[18] 參閱《現代日本經濟事典》，P. 590。

[19] 參閱史際春、溫燁、鄭峰合著「企業與公司法」，P. 173～P. 175, 中國人民大學出版社，2002 年 8 月版。

2.合作制或集體所有制公司

合作制或集體所有制的主體，如村、集體所有制企業、股份合作企業等，可以依公司法單獨或聯合投資設立公司。鑒於合作制或集體所有制主體本身實行的是合作制原則，從所有制意義上說，由其投資或控制的公司，可以歸為合作制或集體所有制的公司，如「華西村股份有限公司」等，現行有關集體所有制企業法規的精神也是如此[20]。自然人也可以通過職工持股、控股的方式形成合作制性質的公司。

在發達國家，合作制或集體所有制的公司有三種情形：一是習慣上將合作社稱為公司，或在法律上將合作社規定為一種公司；二是由職工取得所有權或控股的職工股權制企業，可以依法採取公司的形式；三是合作性質的相互保險公司。

3.私營公司

這是指由私人或私營部門投資或控制的公司。在中國大陸，「私營」的概念是在私有制的意義上使用的，「民營」的概念則是指非由國家機關、國有或集體所有制企事業單位主導的經營或企業，包括自然人主導的個人經營、合作經營或集體經營，但不排除企業仍為國有，如聯想集團被認為是企業國有民營的典範。依

---

[20] 例如依《城鎮集體所有制企業條例》第 4 條規定，企業中集體所有財產投資的比例不低於 51%的（特殊情況下經審批部門批准，該比例可以降低），就是集體所有制企業。

大陸《公司法》，自然人可以設立私營或民營的有限責任公司，私營或民營的法人也可以設立有限責任公司，該法也不禁止自然人和私營、民營的法人作發起人設立股份有限公司，或由其控制股份有限公司。

在私有制國家和地區，私營和民營屬於同等概念，非國有和非公營的公司都是私營或民營公司，合作和集體所有性質的公司也被歸入私營或民營部門，此處的「私營」不具有所有制的意義。

4.外商投資公司

這是指依所謂的「三資企業法」，即《中華人民共和國外資企業法》、《中華人民共和國中外合資經濟企業法》、《中華人民共和國中外合作經濟企業法》三個外商投資企業法設立的公司，也包括外商投資在其中達到一定比例，被對外經貿合作主管部門列為外商投資企業，依公司法設立的股份有限公司。從外商投資的方式看，外商投資公司可以分為「中外合資經營公司」、「中外合作經營公司」和「外資公司」；從公司法設立公司的法律形式看，則有「有限公司」和「股份有限公司」兩種。外商投資公司是依中國法律在中國境內設立的中國公司，而非外國公司。

值得特別注意的是，大陸在企業登記管理上，固然已將港、澳、台商投資企業與外商投資企業並列，單獨劃為一類，但鑒於港、澳、台商投資屬於境外投資，二者在法律適用上仍然是相同的，所以台商在大陸投資基本上還是依據「三資企業法」的規範。

1.2.4 其他分類

除了上述的公司分類方法外,在學理上還有其他的公司分類方法,例如以公司的信用基礎為標準的分類,可以將公司分為資合公司、人合公司、資合兼人合公司;以公司組織關係為標準的分類,可以將公司分為母公司與子公司、總公司與分公司等;以公司國籍為標準的分類[21],可以將公司分為中國公司、外國公司;以公司的投資和應經營活動是否局限於一國為標準的分類,可以將公司分為普通的國內公司(在一國投資經營的公司)和跨國公司;又以公司股東和資本是否具有聯合性為標準的分類,可以將公司分為實質上具有聯合性的公司、形式上具有聯合性的公司、一人公司[22]。惟如此的公司分類與本文所欲探討的主旨尚無直接牽連關係,故不予深入討論。

1.3 「三來一補」加工貿易廠

除了上述各種公司類型之外,台商在大陸投資設立企業還有一種很特殊的形態,叫做「加工廠」,有「來料加工」、「來件裝配」、

---

[21] 在中國是以公司的註冊登記地為公司國籍的判定標準。參照《中華人民共和國公司法》第 2 條:「本法所稱公司是指依照本法在中國境內設立的有限責任公司和股份有限公司。」。

[22] 參閱史際春、溫燁、鄭峰合著「企業與公司法」,P. 170～P. 179, 中國人民大學出版社,2002 年 8 月。

「來樣加工」及「補償貿易」等通稱為「三來一補」的加工貿易
模式。嚴格言之,「三來一補」加工貿易廠尚不及一般企業的規模
與地位,是大陸改革開放發展經濟過程中為吸收外資的階段性模
式,其中又以「來料加工」為大宗,來料加工貿易是開始於大陸
改革開放初期,外來投資相關配套的法令仍未完善的情況下,便
宜行事政策的特殊產物,當時對來料加工廠的運作管理確實存在
著一些彈性的利基,開始時只有在廣東出現[23],後來擴及於福建、
浙江東南沿海居經濟發展風氣之先的省市。因為來料加工廠不同
於一般的外商獨資公司(外資企業),也不是目前台商在大陸投資
企業的主流形態,但為了完整介紹說明過去及目前台商在大陸投
資可採行的企業形態,僅以與外資企業差異對照比較的方式,概
要說明來料加工廠的特殊性,以方便理解。

1.3.1 來料加工廠與外資企業之比較

來料加工廠與外資企業最大之區別在於外資企業具有獨立之
法人資格,來料加工廠則無法人資格,故表現在財產責任形式上,
外資企業為有限責任,以企業資產為限對外負責;來料加工廠為
無限責任,企業資產不足償債時,其來料方外商母公司須連帶負

---

[23] 第一個來料加工廠「太平洋手袋廠」於 1978 年 9 月在廣東虎門設立,《楚
天新聞人》2003 年第三期。

責。依此特性衍生，還有其他多項不同點，以表列方式彙集整理其差異如下[24]：

	比較項目	外資企業	來料加工廠
1	法人資格	有，是中國企業法人	無，非中國企業法人，僅屬加工貿易（OEM）
2	公司性質	屬於投資專案 在台灣須向經濟部投審會申請許可，屬於台商自己的企業	不屬於投資項目，屬加工貿易 在台灣不須報備 台商不享有企業所有權
3	設立程式	有嚴格的審批程式	較為簡便
4	設立時間	約 30 天	約 15 天
5	到位資本	須驗資，最低 20 萬美金	不須驗資
6	適用法律	適用公司法、三資企業法	不適用公司法 依據《加工貿易審批管理暫行辦法》[25]等行政法規
7	企業名稱	1. 以「公司」為名結尾，企業名稱須經工商局核准登記始受法律保障。 2. 可建立自己品牌商譽，企業自主，可永續經營。	1. 以「廠」為名結尾。 2. 不須辦理公司名登記，未辦理名稱登記，名稱不受法律保障。
8	法人代表	以投資方外商（母公司）為法人代表	以中方為法人代表，投資方外商完全不具代表性。
9	進口機器設備	新設備	新設備

---

[24] 參閱案例分析「三資企業與三來一補其適用法律有何不同」，宇信國際管理顧問股份有限公司，〈http://www.trust-net.com.tw〉。《來料加工廠轉為獨資企業的分析》，作者張聰德會計師，經華投資網〈http://www.jing-hua.com〉。

[25] 1999 年 5 月 27 日中國外經貿部頒佈。

	比較項目	外資企業	來料加工廠
10	能否取得土地使用權並處分之	能 並可對企業財產設定、抵押、出租、轉讓等權利處分行為	否 亦無法對財產為處分行為
11	廠房／土地權歸屬	可以外資企業名義租賃或購買	須以管理區名義租賃或購買
12	原材料 （原物料）	可內購（也可進口）	不可內購，全數進口（可保稅） 僅輔料可內購
13	收入來源	產品製造銷售獲利	工繳費
14	企業所得稅	課銷售額之 33%（其中 3%為地方課徵所得稅） 從獲利年度起算可享「2 免3 減半」優惠	不課企業所得稅，由匯入工繳費中扣管理費（約 23%）給地方管理區。
15	收匯留成	以出口銷售額之 20%匯入	以工繳費匯入
16	稅務帳賬務管理	要求較嚴 需建立外商投資企業會計制度、財務管理制度作為核課標準	要求較為寬鬆 賬務管理鬆散，不根據會計賬課稅
17	發票管理	可開立增值稅發票	無法開發票
18	人事管理	人事聘用有自主權	廠長、報關員、會計員由大陸地方政府指派
19	抵押擔保	合法取得之土地、廠房、機器設備皆可設定抵押	土地、廠房、機器設備名義上皆不屬來料加工廠所有，因此無法設定抵押。
20	企業上市／上櫃	企業所有權屬投資方所有，企業資產可明確表現。	投資方對來料加工廠沒有所有權，無法將資產表現在母公司總資產上。

	比較項目	外資企業	來料加工廠
21	財產責任	有限責任 以企業資產為限對外負責	無限責任 企業資產不足償債時，其來料方外商母公司須連帶負責。
22	可否申辦取得商標、專利權	可	否
23	經營期限	一般為 10 年至 30 年 最長 50 年。	一般在 10 年以下，有些項目甚至只有半年。
24	內銷比例	產品可申請 50%合法內銷 部分地區甚至可達 100%	產品需 100%外銷 無內銷權
25	能否直接結算貨款	可以公司名義直接結算	不能以本廠名義結算，必須於境外結算。
26	是否受當地政府制約	受法律保障依法行使權利	在一定程度上受地方政府束縛與制約
27	增值稅稅負	17%及 13%（低稅率另有規定） 另採「先徵後退」或「免、抵、退」方式計徵增值稅	按合同所定工繳費計徵增值稅
28	其他地方政府規費	收費專案較少	較多收費名目 （如各種手續費、財政費及上繳區鎮費用）
29	外匯管理	實施全額收付或以收抵支	僅能實施全額收匯
30	海關監管費	免徵	按進口料件或設備分別課徵 0.15%、0.3%

	比較項目	外資企業	來料加工廠
31	進口機器設備之稅收政策	無須繳工繳費及管理費、人頭稅等,僅繳企業年度所得稅(深圳 15%、東莞 24%),且生產性事業經營期達 10年以上,企業所得稅可享「兩免三減半」之優惠。	須付外匯差額扣補(工繳費約為 23%至 30%)及其它相應之管理費
32	保稅倉庫	產品如全數外銷,亦可申請保稅倉庫。	可申請保稅倉庫
33	對免稅進口海關監管設備之限制	投資專案為鼓勵類之設備為免稅進口(但注意必須在投資總額內進口免稅設備),其他允許類、限制類均須課稅。	可免稅進口企業設備(但風險性高,如主管海關查核庫存與海關報表不符,即有可能以走私罪處置,若處理不當,輕則非法所得沒入、罰款,重則判刑。)加工協定期滿後,設備須退運出關。

1.3.2 來料加工廠之轉型趨勢

　　由於來料加工廠本身不具法人格的先天特殊性質限制,來料加工廠普遍存在非法匯兌人民幣此一歷史問題,來料加工廠在大陸外匯管理上被視為一大漏洞,因為目前來料加工廠工繳費的收入遠遠不足支付費用支出,而不足部分又無法透過正常外匯管道換匯的情況下,很多在大陸設加工貿易廠的外資企業便利用黑市換匯,採取逃避外匯管制的不合法動作,大陸主管機關已著手針對這類「三來一補」加工廠此一普遍存在的問題進行清理及整頓。

此外，在 2003 年底中國加入 WTO 之後，面對國際競爭及內銷市場的開放，且相關政策、法令趨於健全的情況下，加工廠已不復具有以往的優勢，有必要因應環境的改變，而調整企業的經營形態。尤其國務委員吳儀女士就曾表示，中國大陸將不再歡迎「三來一補」的加工貿易方式，而改為鼓勵「進料加工」的方向發展。所謂的「進料加工」即是三資企業（主要是外資企業）的操作模式，目前台灣的國際代工製造業（ODM、OEM）於大陸投資設廠，將生產製造完成的產品再出口銷售給海外客戶，即是屬於「進料加工」模式。

總言之，加工貿易廠事實上存在著如前述逃避外匯管制的不合法現象，但也存在著一些不合理的管理制度，例如：不具有內銷權不能合法內銷、土地使用權的歸屬問題、工繳費匯入的外匯留成損失、稅務按人頭收稅的沉重負擔、進出口轉廠方面的限制……等等。可預見的將來，大陸主管機關對加工貿易廠的一些查核動作會加大力度持續進行，其目的是促使加工貿易廠納入正規的管理，這也意味著加工貿易廠目前勢必要進行轉型，轉為外資企業或者合資、合作企業，以符合大陸法令政策之規範，同時也讓各項管理作業合理化，方便海外母公司名正言順地直接監督管控投資企業的營運操作，藉此引進優質的外資企業的管理文化，有助於促進企業良性發展。所以，加工貿易廠轉型為外資企業，已成為大陸投資環境下的趨勢及潮流，如何協助台商早期設立的加工貿易廠，尤其是為數眾多的來料加工廠，轉型為外資企

業，便成為目前許多設有加工貿易廠的台商所熱切關心的課題，而這方面的實務操作細節，有待另以專篇研究說明，本文不多論述矣。

Chapter 2

台商大陸投資之
優惠條件（客體）研究

在概要說明大陸企業公司的概念，以及台商到大陸投資可設立的企業公司形態後，台商下一個關注的重點，便是投資條件相關問題，特別是獎勵投資的優惠條件。在商言商，投資優惠條件影響所及，不僅僅是投資及日後營運的「成本」問題，若從優惠條件的法律面來看，則變成是投資者享有優惠條件是否合法有效及時間久暫的「風險」問題，這也是所有準備到大陸投資的台商都必須瞭解的另一重要課題。對已經在大陸進行投資的台商而言，投資之初所談妥的優惠條件是否有法律效力且永久有效？若優惠條件因為大陸國家政策法令變更而不再享有時，台商有無申請賠償或補償的法律救濟機會？本章以下將個別逐一探討。

2.1　大陸經濟開發區優惠條件之現況

　　在大陸發展社會主義市場經濟的政策指導下，有限度的市場自由競爭制度是可被接受與許可的，在鄧小平倡言「先使一部份地方、一小部份人富起來，再來帶動大陸其他地方、其他人富起來」這樣的經濟發展策略指導方針下，小至個體戶，大至各省縣市地方政府機關組織，無不八仙過海各顯神通，積極努力地全面發展經濟，「招商引資」便成為各省縣市地方政府加大執行力度的首要工作，因為這是地方父母官可以福國利民的神聖使命。也因為在這樣的環境背景之下，大陸各省縣市政府無不努力進行土地

開發，廣設經濟開發區、高新技術產業園區，並竭盡所能提供各項優惠條件，以吸引國內外投資人前來投資設廠，在「市場自由競爭」的機制下，各不同省縣市經濟開發區便出現了各種不同的優惠條件，特別是以權宜變通「擦邊球」方式，提出比現行法定優惠條件還要優惠的條件，而這樣的優惠條件其「適法性」究竟如何？投資者不得不深入瞭解。

在項目繁多的投資協議條件中，總投資額、資金到位時間、設立企業公司執照取得、營業項目是否為鼓勵類，這是投資人依投資需求即按大陸中央及地方法令規定執行的項目，一般較無太大的轉寰變化。此外，土地地塊取得、土地購（租）價格、「七通一平」[1]土地基礎開發配套標準、廠辦宿舍建築規格及自建或租購成本、三污廢棄物處理廠設置、出口加工區設置、生活圈配套設施（例如：公園綠地、市場、勞工住宅興建）、基層行政機關單位（例如：銀行、郵局、電信局、公車站、學校、醫院等）的設置……等等條件，因各省縣市經濟開發區開發程度、財務能力及地方政府支持程度等不同，而有不同的協商彈性空間。

---

[1] 進入 21 世紀，開發區在原來要求「七通一平」（通路、通電、通訊、供水、供熱、供天然氣、排水／排汙、土地自然平整）的基礎上，又提出了建立「新九通一平」的新理念。所謂「九通」為：資訊通、市場通、法規通、配套通、物流通、資金通、人才通、技術通、服務通；「一平」是「建立 21 世紀中國經濟新平台」。不少開發區正朝著這個方向努力，普遍建立了自己的網站，聯通了國際互聯網，建設寬頻區域網路，開始實施電子政務。大力發展金融和現代物流，加強第三產業，優化人文環境和自然資源保護，已成為開發區進一步發展的重要目標。《**國家級經濟技術開發區的優勢與特點**》，2003 年 4 月 15 日，「中國投資指南」網站（http://www.fdi.gov.cn）。

　　除此之外，各項稅收費用的減免優惠是所有投資人最為關切的，因為這影響投資成本及損益結果最明顯而直接。以「**企業所得稅**」一項為例，這是一般投資企業最關注，最常討價還價的一項，因為這通常也是企業年繳稅賦中金額最多的一項。大陸國家國務院發佈的獎勵投資優惠是「**兩免三減半**」，針對經營期 10 年以上的生產性企業和被認定的高新技術企業、技術研發中心等，從獲利年度算起，第 1 至 2 年免徵，第 3 至 5 年減半徵收。但投資人於各地開發區有要求「五免五減半」者，甚至有要求「十免十減半」者。再以「**增值稅**」為例，大陸國家規定的增值稅按不同產品類別分 17%、13%、6%三檔不同稅率，可依稅法規定範圍減免。而投資人於各地開發區針對增值稅有不同的優惠要求，例如：屬地方政府徵收之增值稅於課徵後返還企業 10 年，或前 5 年可返還地方留成部分之 50%，或返還地方留成部分之 50%且延長年限。這種減免稅的優惠，於實際操作上又有「先徵後返」（企業先被徵稅後再申請退稅返還給企業）[2]及「地方補貼」（直接由地方政府補貼企業當年度應上繳的企業所得稅），或二者混合搭配先後套用等不同操作方式。

　　其他尚有有關關稅、地方所得稅（3%）、台（外）籍幹部個人所得稅、新建廠房房屋稅、土地增值稅、契稅、人員落戶費及

---

[2]　按國務院《關於糾正地方自行制定稅收先徵後返政策的通知》（國發〔2000〕2 號）明令規定，自 2000 年 1 月 1 日起，一律停止執行地方自定稅收先徵後返還的政策。若經濟開發區仍有繼續承諾「先徵後返」的稅收減免優惠條件操作方式者，其法律效力是明顯有瑕疵的。詳本文後述。

相關管理費……等等稅費的減免優惠，這些更優於現行稅法及法
定優惠條件的超優惠條件要求，常在於不同經濟開發區內，因不
同的投資雙方主客觀條件因素，在一番折衝協商之下而有不同程
度的減免優惠的結果，再再突顯出各地經濟開發區在招商引資成
果的競爭壓力下，難免產生優惠條件不一致的現象。但這樣的優
惠承諾究竟有沒有效？是否合法？即使明文約定書立於投資合同
上，這對投資人究竟是喜是憂？這樣的合同約定究竟有沒有效？
即使投資合同中約定有違約賠償責任條款，若嗣後該減免稅的優
惠條件被大陸中央或地方稅局認定不合法，不但不得再適用該優
惠，而且要求投資人必須連同滯納金、罰款一併補繳稅款時，投
資人有無依法抗辯的立場及依據？諸如此類的優惠條件，其適法
性究竟如何，必須就大陸國家法律及相關行政命令的規定來加以
瞭解。

2.2 稅收優惠條件之適法性研究

為了吸引和利用外資以發展本國經濟，各國均對外國投資的
安全與利益給予保護，甚至於給予各種鼓勵和優惠，有學者認為
這些保護與鼓勵措施主要有：關於國有化與補償方面的保證、關
於外資利潤及資本匯出的保證、稅收優惠及其它優惠等[3]。但筆者

---

[3]　參余勁松主編《國際投資法》P.192，法律出版社，1999 年 2 月第 5 刷。

試著從投資人最常見問題的實務面來探討，前述各項優惠條件之
適法性研究，必須從投資優惠條件的「客體」與「主體」兩方面
來個別探討。投資優惠條件的「客體」指的就是項目繁雜的各類
投資優惠條件，固然可以從學理上歸納分析，但筆者從實務面觀
點，以企業實際進行投資協商時最關心的優惠條件內容來看，將
其概括地區分為稅收優惠條件及稅收優惠以外的其他優惠條件兩
大類。投資優惠條件的「主體」則是除了台商投資人自己外，尚
包括投資合同、國有土地買賣合同等相關合同簽約的對造當事
人，因為簽約對造當事人的法人身份性質，將影響前述合同內優
惠條件承諾的法律效力，以及日後萬一因投資爭議涉訟時，投資
人有無法律救濟機會，及救濟程序之不同，台商投資人不得不察，
於本節中特別加以探討。

2.2.1 稅法的原則

探究各項稅費減免優惠條件的適法性基礎，必須從現行稅法
的原則規定，及其它獎勵投資優惠條例總合來看。據稅法學者可
掌握的資料，至少可整理出十五項稅法的基本原則[4]，分別是：財
政原則、稅收法定原則、稅收公平原則、稅收效率原則、實質徵
稅原則、政策原則、平等納稅原則、普遍納稅原則、合理負擔原
則、宏觀調控原則、徵稅簡便原則、維護國家主權和經濟利益原

---

[4] 參徐孟洲主編，《稅法》，中國人民大學出版社。嚴振生主編，《稅法》，
中國政法大學出版社。夢蟾著，《稅收概論》，中國人民大學出版社。

則、保障納稅人合法權益原則、稅收中性原則及無償性財政收入原則。也有學者將稅法的原則分為「基本原則」和「適用原則」兩大主要方面[5]，將前述各原則統攝於中，筆者按此分類方式加以歸納並補充如下：

一、稅法的基本原則

稅法的基本原則是在有關稅收的立法、執法、司法等各個環節都必須遵循的基本準則，其中又以「**稅收法定原則**」、「**稅收公平原則**」及「**稅收效率原則**」為稅法中最基本且重要的原則，特別就這三項原則概論如下：

1.稅收法定原則

稅收法定原則起始於英國，它與市民階級反對封建君主恣意徵稅的運動不可分割。稅收法定原則又稱「稅收法律主義」、「稅收法定主義」、「租稅法律主義」、「合法性原則」等，是指稅法主體的權利義務必須由法律加以規定，稅法的各類構成要素都必須且只能由法律予以明確規定，徵納主體的權利義務只以法律規定為依據，沒有法律依據，任何主體不得徵稅或減免稅收。

稅收法定原則是稅法中一項重要的原則，已為當代各國所公認，已體現在各國憲法或稅法之中。依《**中華人民共和國稅收徵**

---

[5] 張守文著《稅法原理》P. 44～P. 48，北京大學出版社 2000 年 3 月版。

收管理法》第 3 條規定：「**稅收的開徵、停徵以及減稅、免稅、退稅、補稅，依照法律的規定執行；法律授權國務院規定的，依照國務院制定的行政法規的規定執行。任何機關、單位和個人不得違反法律、行政法規的規定，擅自作出稅收開徵、停徵以及減稅、免稅、退稅、補稅和其他同稅收法律、行政法規相抵觸的決定。」**，第 28 條規定：「**稅務機關依照法律、行政法規的規定徵收稅款，不得違反法律、行政法規的規定開徵、停徵、多徵、少徵、提前徵收、延緩徵收或者攤派稅款。農業稅應納稅額按照法律、行政法規的規定核定。」**，第 33 條規定：「**納稅人可以依照法律、行政法規的規定書面申請減稅、免稅。減稅、免稅的申請須經法律、行政法規規定的減稅、免稅審查批准機關審批。地方各級人民政府、各級人民政府主管部門、單位和個人違反法律、行政法規規定，擅自作出的減稅、免稅決定無效，稅務機關不得執行，並向上級稅務機關報告。」**，即很清楚地揭示了稅收法定原則。而當代稅收法定原則的主要內容又概括為三個原則，即「**課稅要素法定原則**」、「**課稅要素明確原則**」、「**課稅程序合法原則**」，說明如下：

(1) 課稅要素法定原則

如同刑法中之罪刑法定主義而形成的稅法原則，其意義是指課稅要素（即只有滿足這些條件，納稅義務方告成立，這些條件稱之為「要素」）的全部內容，亦即稅法構成要素中的實體法要素必須由法律加以規定，稅法主體、徵稅客體、計稅依據、稅率等課稅要素，以及與此相關的徵納稅的程序等立法權，必須由立法

機關行使，行政機關未經授權，無權在行政法規中對課稅要素作出規定。

此原則最重要的一點是法律與行政法規的關係問題，依課稅要素法定原則要求，凡無法律的根據而僅以行政法規或地方性法規來確定新的課稅要素，都是無效的。當然，就稅收立法而言，有權制定法律的立法機關可以授權行政機關或地方政府制定有關稅收方面的行政法規或地方性法規，但只能限於稅收的具體和個別問題。

(2) 課稅要素明確原則

指在法律和授權立法的行政法規或地方性法規中，凡構成課稅要素和徵收程序規定等內容，其規定和表述必須儘量地明確而不生歧義，如果規定模糊，則會形成行政機關決定課稅要素的自由裁量權，易於導致徵稅權力的濫用。

因此，有關創設稅收權利義務的規範在內容宗旨範圍等方面都必須明確，以使納稅義務人可以預測其負擔。

(3) 課稅程序合法原則

有稱為「依法稽徵原則」者，指徵稅機關應依法定程序徵稅，納稅人依法定程序納稅，並有獲得行政救濟或司法救濟的權利。同時也不允許徵納雙方或徵納稅人之間達成變更納稅程序的協定，所有以排除強行法規定之適用為目的之協定都是無效的。

上述三點是稅收法定原則的重要內涵。總言之，稅收的體制、稅收的種類和稅收的減免優惠等，都必須由法律加以規定，不得隨意變更稅收體制，不得隨意增減稅收種類，不得隨意「免稅引資」等，這些內容都是稅收法定原則不可分割的組成部分，是「**依法治稅**」的重要基本精神。

2.稅收公平原則

稅收公平原則是當今世界各國制定稅收制度的首要準則，如法國「人權宣言」中規定：「稅收應在全體公民間平等分攤」，盧森堡大公國憲法第 101 條規定：「在納稅問題上不得規定任何特權」，可見稅收公平原則是「法律之前人人平等」此一法律思想在稅收領域的積極體現和發展，具體內涵如下：

(1) 稅收公平的意義

稅收公平即是公平稅負，現代西方稅法學界對其下定義謂：「稅收公平原則就是指國家徵稅就是要使各個納稅人承受的負擔與其經濟狀況相適應，並使各個納稅人之間的負擔水準保持均衡。」，稅法學者認為，所謂稅收公平，是指不同納稅人之間稅收負擔承度的比較，納稅人條件相同的納同樣的稅，條件不同的納不同的稅。因此，公平是相對於納稅人的課稅條件的，不單是稅收本身的絕對負擔問題。稅收公平原則要求稅收負擔必須在依法負有納稅義務的主體之間進行公平分配，在各種稅收法律關係

中，納稅主體的地位必須平等。依據此一原則，必須普遍徵稅、平等徵稅、合理負擔及量能課稅。

按照納稅人之間的經濟條件或納稅能力的相同點或不同點，公平稅負有兩層含義：「橫向公平」與「縱向公平」。

橫向公平：指經濟條件或納稅能力相同的納稅人，應負擔相同的稅額，對同等納稅人在相同的情況下應同等徵稅，不應當有所偏差。橫向公平強調的是情況相同則稅收應該相同，而情況不同，說明納稅能力也不同，如果等同徵稅，則反而違反了徵稅的公平原則。

縱向公平：指經濟條件或納稅能力不同的納稅人，應負擔不同的稅額，例如高收入者應該比低收入者多納稅。從表面形式上看，稅法適用不一，有違稅法公平原則之嫌，但實質上卻是很符合公平原則的。唯縱向公平也是相對性的，不能適用於所有納稅人，其不適用於公司企業的收入，個人收入也因收入高低而有不同，收入高者應該採累進稅率較之比例稅率為公平。

(2) 稅收公平的衡量標準

目前稅法學界對衡量稅收公平的標準大體上有兩種：

第一，「**受益標準**」，即根據納稅人自政府所提供公共服務中享受利益的多寡，來判定其應納多少稅或應分擔多少稅負，享受利益多者多納稅，享受利益少者少納稅，不受利益者則可不必納稅。然而，這項標準雖有一定合理性，但在具體實踐中是難以實現和操作的，因為在多數情況下，納稅人自政府提供公共服務中

享受利益的多寡是無法估量測算的。這種標準只能適用於少數稅種，而不能解決所有稅收公平判定問題。

第二，「**能力標準**」，即根據納稅人的納稅能力判定其應納稅額多寡，納稅能力強者應多納稅，納稅能力弱者少納稅，無納稅能力者則不必納稅。按納稅能力標準徵稅是迄今公認的比較合理也易於實行的標準。但是要如何來衡量納稅人的納稅能力？目前國際上存在兩種較為通行的主張－「客觀說」和「主觀說」：

客觀說：認為納稅能力的大小應依據納稅人擁有的財富多寡來判定。財富是由收入、財產和支出表示的，其中又以淨收入作為衡量納稅人負擔能力的標準比較確實可行。

主觀說：認為每個納稅人的納稅能力是按照納稅以後感覺到的犧牲程度來確定，而犧牲程度的測定，又以納稅人納稅前後從其財富得到的滿足（或效用）的差異量為準。納稅能力也就是忍耐和承擔稅負的能力，換言之，如果稅的徵收，能使每一個納稅人所感受到的犧牲程度相同，那麼課稅的數額也就與其納稅能力相符，表示稅收就公平，否則就是不公平。

3.稅收效率原則

稅收效率原則要求稅法的制定和執行必須有利於提高經濟運行的效率和稅收行政的效率，稅法的調整必須有利於減少納稅主體的奉行成本和額外負擔、降低社會成本。在法律的經濟分析日漸受到重視的情況下，此一原則的地位也在日益提高。

二、稅法適用的原則

稅法適用的原則是在稅法的解釋、稅收的徵納等具體適用稅法的過程中應遵循的準則，是稅法實踐與執行的準則。稅法適用的原則主要有以下幾項：

1.實質課稅原則

實質課稅原則是指對於某種情況不能僅根據其外觀和形式確認是否應予課稅，而應根據實際情況，尤其應當注意根據其經濟目的和經濟生活的實質，判斷是否符合課稅要素，以求公平、合理、有效地進行課稅。

實質課稅原則的適用有助於彌補僵化地理解稅收法定原則所造成的缺失，從而可以防止對法律固定的、形式上的理解而給「量能課稅」造成的損害。因此，實質課稅原則能夠在一定程度上對形式課稅原則起到補充作用，但這種補充是非常有限的。當存在稅收規避、虛偽行為等情況時，適用實質課稅原則對於有效徵稅具有重要作用。

2.誠實信用原則

誠實信用原則並非只是民法或私法上的基本原則，而是公法與私法共通的法律原則，因而同樣可以適用於稅收法律關係。誠實信用原則要求徵納雙方在履行各自的義務時，都應講信用，誠實地履行義務，而不得違背對方的合理期待，侵害其信賴利益，

也不得以意思表示許諾錯誤為由而反悔。因此，此一大陸法系的重要原則在英美法系中也稱為「**禁反言原則**」（Estoppel）或「**禁止反悔原則**」。

誠實信用原則的適用有利於保護當事人的信賴利益，是對稅收法定原則的形式上適用的補充。但是，該原則的適用應避免擴大解釋，必須嚴格加以限制，且應滿足下列條件：稅收行政機關對納稅人提出了構成信賴物件的正式主張，納稅人的信賴值得保護，以及納稅人已信賴稅收行政機關的表示並據此已為某種行為。

3.禁止類推適用原則

一般認為，依據稅收法定原則，在稅法上應禁止類推適用，因為稅法做為侵權性規範，必須保持其穩定性，因而應依文義解釋，或參照稅法的宗旨進行解釋，而不得作任意的擴張或類推解釋。而且，類推也未必合於立法原意，立法的缺陷應由立法機關解決，不應由類推來解決，否則即違背「稅收法定」此一基本原則。

4.禁止溯及課稅原則

在稅法的解釋和適用上，應考慮到稅法的平衡和稅法條款的制定目的，不應使納稅人的財產受到不當的侵害。當對某事實是否已符合課稅要件存有疑義時，一般應作出有利於納稅人的推定解釋。在這種思想的指導下，禁止溯及課稅原則自應實行。

　　禁止溯及課稅原則要求新頒佈實施的稅收實體法僅對其生效後發生的應稅事實或經濟關係產生效力，而不能對其生效之前的應稅事實或經濟關係溯及課稅，這是對納稅主體的實體權利的保障，有助於防止納稅人的財產受到不當的侵害。

　　禁止溯及課稅原則在稅法上往往表現為「實體從舊，程序從新」的原則，即納稅人的實體權利義務存在於新稅法生效之前的，應從舊稅法的規定；而納稅人程序上的權利義務存續期間發生稅收程序法更新情況的，應從新稅法的規定。

2.2.2　稅收優惠條件之法律依據

　　《中華人民共和國稅收徵收管理法》第 3 條明白規定：「**稅收的開徵、停徵以及減稅、免稅、退稅、補稅，依照法律的規定執行；法律授權國務院規定的，依照國務院制定的行政法規的規定執行。**」，在「稅收法定原則」下，任何稅收的停徵以及減稅、免稅、退稅、補稅，都必須依照法律的規定執行。因此，任何的外商投資人若要享有稅費減免的優惠，除非有「法律」的明文規定，或是法律已經授權國務院規定的，即依照國務院制定的行政法規的規定執行。

　　在國家稅法制定的大原則下，那麼目前大陸為獎勵外商投資，究竟已經提供了那些優惠條件？其相應授權的法律又是什麼？「中國開發區協會」匯總了目前全中國大陸 54 個國家級經濟

技術開發區所提供的優惠條件，整理出一份**《開發區外商投資企業稅收政策匯總簡表》**，並附註了匯總簡表所依據的法律、法規目錄[6]，於 2004 年 4 月 3 日發佈了此匯總簡表，內容如下：

---

[6] 中國開發區協會 2004 年 4 月 3 日發佈的《開發區外商投資企業稅收政策匯總簡表》，「中國投資指南」網站(http://www.fdi.gov.cn)。

《開發區外商投資企業稅收政策匯總簡表》

稅收政策項目		全國性規定	其中經濟特區	國家級開發區				開放城市和地區（含沿海、沿江、內陸、邊境）及其省級經濟開發區
				經濟技術開發區	高新技術產業開發區	保稅區	邊境經濟合作區	
一、企業所得稅率	1.生產性企業	30%	15%	15%	15%	15%	15%	24%
	2.非生產性企業	30%	15%	30%	30%	30%	30%	30%
	①知識密集、技術密集型專案以及技術研發中心，外商投資在回收投資時期長的專案	30%	15%	15%	15%	15%	※〔15%〕	15%（含中西部地區國家鼓勵類產業的內、外資專案）
	②產品出口企業，按規定減免稅期後，當年出口值占總產值 70%以上的	15%	10%	10%	10%	10%	12%	12%

③金融機構，外商投入運營資金1000萬美元以上，經營期10年以上	30%	15%	經國務院特批，按15%（含上海浦東）
④能源、交通、港口項目或國家特批鼓勵的項目	15%（含上海浦東帶項目在成片土地上從事基礎設施建設的外資企業）		

以下各項政策，除特殊註明的以外，不分地區，執行統一規定。

二、預提所得稅率	1. 外商在中國境內沒有設立機構而有來源於各類地區的利息、股息、租金、特許權使用費和其他所得，除依法免徵的以外	從2001年1月1日起改為10%
	2. 對提供技術先進或條件優惠者	經國務院主管部門批准免徵預提所得稅，或由當地市人民政府決定給予比10%更多的優惠

	3.外國投資者從外商投資企業取得的利潤	免徵
三、企業所得稅減免期（經營期10年以上，從獲利年度算起）	1. 生產性企業和被認定的高新技術企業、技術研發中心	第 1-2 年免征 第 3-5 年減半徵收 （"二免三減"）
	2. 中西部地區新辦交通、電力、水利、郵政、廣播電視等企業	第 1-2 年免征 第 3-5 年減半徵收
	3. 非生產性企業	①在經濟特區內，外商投資 500 萬美元以上的服務性企業，經營期 10 年以上。 ②在經濟特區內和國務院批准的其他地區設立的外商投資 1000 萬美元以上的金融機構，經營期 10 年以上。 均為第 1 年免徵，第 2-3 年減半徵收。
	4. 先進技術企業	按規定的減免期滿後，仍為「先進技術企業」的，延長 3 年減半徵收企業所得稅。
	5. 中西部地區	國家鼓勵類外商投資企業，在現行稅收優惠政策期滿後，3 年內可繼續減按 15%稅率徵收。
	6. 從事港口、碼頭建設的企業，經營期 15 年以上的	第 1-5 年免徵 第 6-10 年減半徵收企業所得稅

	7. 從事農業、林業、牧業及經濟不發達邊境地區的企業	按規定減免稅期滿後，經國家主管部門批准可在以後的 10 年內，繼續按應納稅款減徵 15%--30%的企業所得稅；對中西部地區為保護生態環境的農業特產品收入，在 10 年內免徵農業特產稅。
四、再投資退稅		①外商以其投資企業的資產或獲得利潤再投資於本企業或興辦其他外商投資企業，外資占 25%以上，經營期不少於 5 年，經稅務機關核准，退還其再投資部分已繳納所得稅的 40%稅款。 ②再投資於「產品出口企業」或「先進技術企業」的，可 100%退還已納稅款。
五、關稅	1.設備進口	①保稅區及出口加工區內進口生產、建設、管理所需的設備、物資及轉口貨物，免徵進口關稅及增值稅。 ②對全國各地（含中西部地區）符合《外商投資產業指導目錄》鼓勵類和限制乙類，並轉讓技術的外商投資專案，在投資總額內進口的自用設備（包括按專案合同隨設備進口的技術及配套件、備件），除《外商投資專案不予免稅的進口商品目錄》所列商品外，免徵關稅和進口環節增值稅。
	2.產品出口	①除限制出口產品外，免徵出口關稅。 ②在經濟技術開發區內加工增值 20%以上的產品，原為應徵出口關稅的，海關憑有關證明可免徵出口關稅。 ③出口加工區企業及管理部門從境內購入的生產用設備、原材料、零配件、建築物資及辦公用品，可按規定退稅。
六、增值稅		①全國按不同產品類別分 17%、13%、6%三檔稅率，可依稅法規定範圍減免。 ②經濟特區產品在本區內銷售的免徵，一般納稅人一律按 6%稅率徵收。

		③保稅區及出口加工區產品在本區內銷售的免徵。
七、固定資產投資方向調節稅		對外商投資企業和外國企業在我國境內進行的固定資產投資免徵。
八、城市維護建設稅		對外商投資企業免徵。
九、耕地佔用稅		外商投資企業從事生產性項目佔用耕地的免徵。
十、外匯管理		①允許外商投資企業在經常性項目內可以將人民幣兌換成外匯。 ②允許保稅區及出口加工區內企業可以保留外匯。 ③保稅區及出口加工區內的加工貿易不實行銀行保證金制度。
十一、由地方政府規定的政策（各項政策的具體內容詳見各地的投資指南、或有關的開發區條例）	1. 地方所得稅	按國家規定應納稅額 10% 徵收，可由省、自治區、直轄市人民政府根據情況決定減免。
	2. 民族自治地方的企業所得稅	經省級人民政府批准定期減徵或免徵。
	3. 稅收獎勵	由當地財政部門決定，對按期繳納所得稅的外商投資企業實行獎勵。
	4. 折舊	由當地財政部門決定，根據專案情況實行加速折舊。
	5. 房地產稅	由當地財政部門決定，一定期限、一定比例減免。
	6. 費用折扣優惠	由當地政府根據外商投資專案的行業、規模、技術水準、繳費方式等決定，對土地出讓費、使用房屋租費、能源、水源、電訊、服務等項費用實行折扣優惠。
	7. 虧損彌補	企業發生虧損，可申請用以後年度的盈利彌補，時間最長不超過五年。

※【備註】：

1. 〔　〕內為參照開放地區的政策。

2. 國務院規定：自 2000 年 1 月 1 日起，一律停止執行地方自定稅收先徵後返還的政策。（國發〔2000〕2 號，《關於糾正地方自行制定稅收先徵後返政策的通知》）

3. 本簡表由中國開發區協會彙集國務院及有關部門現行有效
   的法規文件編制而成，時間截止到 2002 年底止，表中未列
   明的其他政策內容均按全國統一規定執行。

4. 本匯總簡表所依據的法律、法規目錄附後。

本匯總簡表所依據的法律、法規目錄

1、中華人民共和國外商投資企業和外國企業所得稅法（1991 年 4 月 9 日第七
屆全國人民代表大會第四次會議通過）

2、中華人民共和國企業所得稅暫行條列（1993 年 12 月 13 日國務院發佈）

3、中華人民共和國增值稅、消費稅、營業稅三個暫行條例（1993 年 12 月 13
日國務院分別發佈）

4、全國人民代表大會常務委員會關於外商投資企業和外國企業適用增值稅、
消費稅、營業稅等稅收暫行條例的決定（1993 年 12 月 24 日第八屆全國人
民代表大會常務委員會第五次會議通過）

5、中華人民共和國海關法（1987 年 1 月 22 日第六屆全國人民代表大會常務
委員會第五次會第十九次會議通過）

6、中華人民共和國進出口關稅條例（1992 年 3 月 18 日國務院第二次修訂發佈）

7、中華人民共和國固定資產投資方向調節稅暫行規定（1991 年 4 月 16 日國
務院第 82 號令發佈）

8、關於邊境貿易有關問題的通知（1996 年 1 月 3 日國務院國發 002 號）

9、關於進一步鼓勵外商投資有關進出口稅收政策的通知（1999 年 11 月 22 日
海關總署總 791 號）

10、關於上海浦東新區鼓勵外商投資減稅、免征企業所得稅和工商統一的規
定（1990 年 9 月 8 日財政部頒發）

11、關於實施西部大開發若干政策措施的通知 2000 年 10 月 26 日國務院國發
[2000]33 號）

12、關於實施對在中西部地區的外商投資企業給予三年減按 15%稅率徵收企業所得稅的優惠的通知（1999 年 12 月 17 日國家稅務總局國稅發 172 號）

13、關於批准國家高新技術產業開發區和有關政策規定的通知（1991 年 3 月 6 日國務院文）

14、關於外國企業來源於我國境內的利息等所得減徵所得稅的通知（2000 年 11 月 8 日國務院國發[2000]37 號）

附件三：國家高新技術產業開發區稅收政策的規定（1991 年 3 月國家稅務總局）

15、關於進行設立出口加工區試點的復函（2000 年 4 月 7 日國辦函[2000]37 號)

16、關於出口加工區有關問題的復函（2002 年 6 月 21 日國務院辦公廳國辦函[2002]64 號）

17、中華人民共和國海關對出口加工區監管的暫行辦法（2000 年 4 月海關總署發佈）

18、關於發佈"保稅區外匯管理辦法"的通知（2002 年 7 月 25 日國家外匯管理匯發[2002]74 號）

19、關於發佈《出口加工區外匯管理暫行辦法的通知》（2000 年 8 月 17 日國家外匯管理局發匯第 116 號）

20、關於調整進口設備稅收政策的通知（1997 年國務院國發[1997]37 號）

21、關於調整部分進口稅收優惠政策的通知（2002 年 9 月 4 日財政部、國家計劃發展委員會、國家經濟貿易委員會、對外貿易經濟合作部、海關總署、國家稅務總局、財稅[2002]146 號）

22、關於進一步對外開放黑河等邊境城市的通知（1992 年 3 月 9 日國務院國函[1992]21 號）

23、關於外商投資企業追加投資享受企業所得稅優惠政策的通知（2002 年 6 月 1 日財政部、國家稅務總局財稅[2002]56 號）

　　從上表列可以清楚參照大陸目前 54 個「國家級」經濟開發區的優惠條件及其依據的法令，但若是其他普設於大陸全國各地地方政府所設為數眾多的「非國家級」經濟開發區，其所提供的優惠條件是否可以有所不同呢？地方政府是否有權可以提供比前述「國家級」經濟開發區的優惠條件更優惠的條件？這是個現實存在於各開發區的疑問，也是常常令外資投資人甚至是地方政府官員都會誤解的一個實務問題。

　　若依據前述稅法原則及《中華人民共和國稅收徵收管理法》的規定，徵稅標準不會因省縣市地區不同而有差別，任何的減免優惠也都必須有法律的明文規定。且依「中國開發區協會」依國家法令授權稅收減免優惠規定匯整發佈的《**開發區外商投資企業稅收政策匯總簡表**》亦明白註明「**以下各項政策，除特殊註明的以外，不分地區，執行統一規定**」，亦即除了企業所得稅稅率以外的其他優惠稅率政策，除非有特殊註明，不分地區，執行統一規定。因此，會認為「非國家級」的經濟開發區所能提供的優惠條件最多也是按國家級經濟開發區的優惠條件「比照辦理」。但實際上這樣「比照辦理」的做法卻是錯誤的認知，依據國務院 1993 年 7 月 23 日頒佈實施《**國務院關於加強稅收管理和嚴格控制減免稅收的通知(2)**》第 2 點明文：「**凡未經國務院批准的各類經濟開發區，一律不得享受國家規定的國家級開發區的各項稅收優惠政**

策。」[7]，已經很清楚地規定非國家級開發區原則上是不得享受與國家級開發區相同的優惠政策了。

因此，投資人不應抱持「想當然爾」的想法，自行「比照辦理」國家級開發區的各項稅收優惠政策。更不能一廂情願地自我引申擴大解釋，將國家級經濟開發區的優惠條件當做是「最低標準」，而懷有向上加碼的更高期待！反言之，若是開發區招商單位為了招商引資的績效壓力，主動向台商投資人表示願承諾更優於現行法令允許優惠範圍的超優惠條件時，其法律效力依然堪慮，台商投資人仍應審慎視之。

2.2.3　國務院對各地方政府提供稅收優惠現況的意見

前述「中國開發區協會」針對目前全中國大陸 54 個國家級經濟技術開發區所提供的優惠條件，匯總整理出一份《開發區外商投資企業稅收政策匯總簡表》，但目前於中國大陸有關外商投資企業稅收政策實際操作情形非常混亂的，主要是發生在這些所謂國家級經濟技術開發區以外的各省、縣、市地方政府自行開發設立的經濟技術開發區及高新技術產業開發區。在各省、縣、市地方

---

[7]　國務院 1993/07/23/頒佈《國務院關於加強稅收管理和嚴格控制減免稅收的通知（2）》第二點全文：「二.認真清理違法越權制度的稅收優惠政策。各地區、各部門違反稅收規定和國家政策，超越許可權自行制定的各類稅收優惠政策（包括涉外稅收政策），一律無效。凡未經國務院批准的各類經濟開發區，一律不得享受國家規定的國家級開發區的各項稅收優惠政策。」（文號：國發[1993]51 號），資料來源：國家資訊中心《國家法規資料庫》，法規分類號：112202199302。

政府招商引資發展地方經濟的目標下，各地方政府相互間也產生
了一種「搶客人」（搶投資人）的競爭情形，於是許多中央或地方
稅收減徵、免徵、緩徵、補貼、先徵後退等等異於大陸現行法規
命令允許的優惠範圍的超優惠條件便應運而生，也有許多是自動
比照前述國家級經濟技術開發區的優惠條件的，然而這些超優惠
條件的法律效力究竟如何呢？我們從以下國務院及國家稅務局頒
佈的若干具行政命令性質的「通知」便可得知：

1. 國家稅務局 1991/10/15 頒佈實施《**國家稅務局關於貫徹執
   行外商投資企業和外國企業所得稅法若干業務處理問題的
   通知》**[8]，第三點明令：「三.關於地方所得稅的減徵、免徵
   的調整問題：稅法在地方所得稅的減徵、免徵範圍和限定
   條件上對原稅法的規定作了修改。各省、自治區、直轄市
   在稅法公佈施行前已作出的有關地方所得稅減徵、免徵規
   定，應當按照稅法第九條規定的原則進行調整。在作法上
   要體現國家的產業政策和本地區鼓勵外商投資的重點，實
   施有選擇、有重點、有期限地減免地方所得稅優惠。」，此
   國家稅務局 1991 年的通知揭示了地方政府減免地方所得
   稅優惠的原則，實施有選擇性、有重點、有期限地優惠，
   而不是所有外商投資都享有一體適用的優惠條件。

---

[8]　文號〈國稅發(1991)165 號〉，資料來源：國家資訊中心《國家法規資料庫》，
　　法規分類號：215411199106。

2. 國務院 1993/07/23 頒佈《**國務院關於加強稅收管理和嚴格控制減免稅收的通知(2)**》，其中第二點明令：「二、認真清理違法越權制度的稅收優惠政策。各地區、各部門違反稅收規定和國家政策，超越許可權自行制定的各類稅收優惠政策（包括涉外稅收政策），一律無效。凡未經國務院批准的各類經濟開發區，一律不得享受國家規定的國家級開發區的各項稅收優惠政策。」，又第五點第（一）項「關於高新技術企業的稅收優惠問題」明令：「在國務院確定的設在沿海經濟開放區（包括經濟特區、經濟技術開發區所在城市的老市區）內的國家高新技術產業開發區，被認定為高新技術企業的外商投資企業，如果同時也是技術密集、知識密集型的項目，或者是外商投資在 3000 萬美元以上，回收投資時間長的項目，可報經國家稅務局批准後，仍按沿海經濟開發區的稅收優惠執行。」

國務院的這道通知已經很清楚地規定各地區、各部門（各地方政府）違反稅收規定和國家政策，超越許可權自行制定的各類稅收優惠政策，包括涉外稅收政策，一律無效。凡未經國務院批准的各類經濟開發區，一律不得享受國家規定的國家級開發區的各項稅收優惠政策。而且，即使是在國務院確定的設在沿海經濟開放區內的國家高新技術產業開發區內的外商投資企業，也是必須報經國家稅務局批准後，才能按沿海經濟開發區的稅收優惠執行。按此通知，

舉重以明輕，大陸其他各省、縣、市地方政府自辦的經濟開發區，若承諾投資人違反稅收規定和國家政策、超越許可權自行制定的各類稅收優惠政策，是一律無效的！

3. 國務院 1998/03/12 頒佈實施《**國務院關於加強依法治稅嚴格稅收管理許可權的通知(14)》**[9]：其中重要揭示規定如下：

「一、嚴格執行國家稅法和稅收管理許可權的有關規定。中央稅、共用稅以及地方稅的立法權都集中在中央，各地區、各部門要依法治稅，依法理財，不得超越許可權擅自制定、解釋稅收政策，也不得越權批准減免稅收、緩繳稅和豁免欠稅。除屠宰稅、筵席稅、牧業稅的管理許可權已明確下放到地方外，其他稅種的管理權全部集中在中央，地方政府不得在稅法明確授予的管理許可權之外，擅自更改、調整、變通國家稅法和稅收政策。對稅收政策方面存在的問題，各地可以提出調整和完善的意見並上報國務院或國務院財稅主管部門，但在國務院決定之前，各地一律不得自作決定。」

「**三、堅持依法治稅，加強減免稅管理。減免稅收必須依稅法規定執行，任何超越稅法和稅收管理許可權規定減免稅必須立即糾正。對地方稅的減免，也要在中央授權的範圍內辦理，不得自立章程，自行其事。凡未經批准擅自減**

---

[9] 國務院 1998/03/12 頒佈實施《國務院關於加強依法治稅嚴格稅收管理許可權的通知（14）》，文號〈國發(1998)4 號〉，資料來源：國家資訊中心《國家法規資料庫》，法規分類號：112202199801。

免稅收的，一經查出，除納稅人如數補繳稅款外，還要追
究當事人和主管領導的責任。」

「四、進一步強化稅收徵管工作。各級稅務機關必須正確
履行國家稅法賦予的職責，做到依法徵稅，應收盡收，嚴
禁各種形式的「包稅」。要堅決杜絕以緩代欠、以緩代免的
現象，嚴禁以任何理由豁免納稅人的欠稅，凡已經豁免的
欠稅，要限期追繳入庫。各級稅務機關必須嚴格按照稅法
規定的程序和期限審批納稅人緩繳稅款申請，不得擅自延
長緩繳稅款的法定期限。要堅決糾正收「過頭稅」的做法，
嚴禁按人頭、土地面積平均攤派稅收。」

這道國務院的通知揭示釐清了一個很重要的原則、觀念，
特別是台商投資人常誤解誤認的原則，所謂「地方自治」
中央與地方政府分權的概念，在大陸稅法上是不適用的，
即使是「地方稅的立法權」也是集中在中央，而不是由地
方政府可以立法自訂；對地方稅的減免，也要在中央授權
的範圍內辦理，不得自立章程，自行其事。許多台商投資
人在大陸各省、縣、市地方政府的經濟開發區投資，與地
方政府洽談若干稅收（例如：地方企業所得稅、土地增值
稅、廠房辦公室契稅、增值稅地方留成部分之返還補貼、
地方防洪費、堤圍防護費）減免補貼返還的優惠條件時，
常常誤以為凡是屬於地方性稅收費用者，地方政府即有權
力可以決定是否給予減免優惠，於是竭盡所能與地方政府

談判力爭，或有未盡其功者，或有獲地方政府同意承諾者，
不論結果如何，這道國務院 1998 年的通知正給予了投資人
及地方政府就地方稅的減免提供明確的操作規範，對違反
者，也明確規定除納稅人必須如數補繳稅款限期追繳入庫
外，還要追究當事人和主管領導的責任，投資人不得不察。

4. 國務院 2002/01/16 頒佈實施《**國務院關於對部份地區違規
制定先徵後返等減免稅政策問題的通報(1)**》[10]，本通報針
對在大陸各省、縣、市地區發現違規減免稅的主要問題提
出了匯整報告外，也對違規者提出相應處理的規定。摘錄
重要內容如下：

「2000 年元月，國務院下發《關於糾正地方自行制定稅收
先徵後返政策的通知》（國發〔2000〕2 號，以下簡稱《通
知》），要求各地區、各部門從國民經濟發展全局的高度出
發，充分認識地方自行制定稅收先徵後返政策的危害性，
統一思想，迅速採取有效措施，認真檢查糾正。

2001 年 2 月至 4 月，國務院有關部門專門組織力量對遼
寧、吉林、上海、江蘇、廣東、福建、湖北、江西、山東
等 9 省（市）貫徹《通知》情況進行了專項檢查。……經
國務院同意，現將檢查中發現的主要問題通報如下：一、

---

[10] 中華人民共和國國務院辦公廳 2002/01/16 頒佈實施《國務院關於對部份
地區違規制定徵征後返等減免稅政策問題的通報（1）》，文號〈國辦發
(2002)5 號〉，資料來源：國家資訊中心《國家法規資料庫》，法規分類號：
112202200202。

清理工作不徹底，……。二、有禁不止，……廣東省珠海
市政府《關於鼓勵在珠海市投資大型項目的若干規定》（珠
府[2000]46 號）、江蘇省南通市委《中共南通市委、南通市
人民政府於進一步擴大利用外資的若干意見》（通委發
[2000]9 號）等檔，越權制定新的先徵後返等減免稅政策。
江西省南昌市經濟技術開發區管委會與南昌海爾工貿公司
於 2000 年 3 月 2 日簽定協議書，明確以「先徵後獎勵」的
形式，對該公司繳納的增值稅，前兩年按實際繳納的增值
稅地方分成部份的 80%獎勵企業，第三年至第五年按企業
實繳增值稅地方分成部份的 50%獎勵企業。……。

對上述地區發生的違規問題，財政部已按照《通知》中關於
「凡拒不糾正擅自保留的，中央將相應扣減對該地區的轉移支付
和專項補助，並追究有關人員的責任」的規定，對查出的違規金
額在辦理中央財政與部份省財政結算時做扣減處理；國家稅務總
局已按照《國務院關於加強依法治稅嚴格稅收管理許可權的通知》
（國發[1998]4 號）中關於「凡未經批准擅自減免稅收的，一經查
出，除納稅人如數補繳稅款外，還要追究當事人和主管領導的責
任」的規定，對違規越權減免稅收等問題逐項進行嚴肅查處，各
有關地方人民政府對上述問題要徹底予以糾正，並將處理結果報
告國務院。各地區、各部門要從這些地區的違規事例中吸取教訓，
認真貫徹執行黨中央、國務院的各項決定和政策，嚴格依法治稅，
堅決維護國家統一稅政、集中稅權的原則。任何地方和個人不得

擅自批准緩稅、免稅或實施先徵後返等變相減免稅政策，對違規制定出台的先徵後返等減免稅政策要一律廢止。各級人民政府要採取切實措施，徹底清理違規出台的先徵後返等減免稅政策，堅決杜絕此類事件再度發生。」。

全額免稅、降低稅率、先徵後退、地方留成返還、延長減免稅期限、地方政府補貼等，這些都是台商投資人與大陸各地方政府談判投資優惠條件時，最後折衷採行的各種慣用方式，不僅地方政府及所屬職能部門的領導承諾，並且明文於投資合同上簽署。然而，按此通報揭示內容，這些地方政府承諾的優惠條件操作模式，其法律效力已是不言可喻了，投資人焉能不知！

2.3 其他優惠條件

投資優惠條件的「客體」，除了與稅收減免有關的優惠條件外，另外尚有許多稅收減免優惠以外的其他優惠條件，概要區分為以下幾方面：

2.3.1 與公司設立有關的優惠條件

與公司設立有關的優惠條件，特別是台灣許多以全球代工製造業務（ODM、OEM）為主的製造業於大陸投資設廠時，通常特別關注且提出有關新設公司的設立程序及公司營業專案許可內

容的優惠，例如：公司營業執照之加速取得、取得 A 類企業的的分類核可、公司營業產品取得鼓勵類專案確認書、產品於大陸境內貿易權（內銷權）之許可、可從事行銷全球各地產品之返廠維修業務等。

2.3.2 與建廠有關的優惠條件

於談妥公司設立有關的優惠條件，確定投資效益及可行性後，接下來要商談確認的是與建廠有關的優惠條件，這其中包括了需用土地地塊位置及面積的確認、土地轉讓價格及付款條件、國土證取得的時間期限、有無其他保留土地及保留期限問題、土地開發的配套措施[11]、廠辦宿舍等地上建築物的自建或租賃使用相關問題、協助通過消防安檢、環境評估等級確立及協助通過環境評估、申辦過程相應的各種規費的減免或補貼等等建廠過程實際操作上會遇到的各種問題協助解決的承諾。

2.3.3 與營運有關的優惠條件

公司設立完成且建廠完成開始營運後，有關企業正式營運的各項中央或地方法律或行政命令要求的事項，或是有關企業營運

---

[11] 一般土地開發配套措施指的是「七通一平」的土地開發政策，亦即要求通路、通電、通訊、供水、供熱、供天然氣、排水／排汙等管道暢通及土地自然平整。

成本的事項，通常也是台商投資人會爭取若干優惠的項目。例如：基本電費是否減免、不斷電（水）之承諾、設備及物料進口綠色通關、銀行低利融資貸款、當地原物料的低價供應、社會保險金的提撥員額比例[12]、向外匯管理局爭取外匯差額或全額核銷、設立專科以上學校以方便就近招募聘用勞工、出口加工區之設立、工會的主動設立義務或被動協助義務、設置食衣住行育樂等配套設施（如：銀行、郵局、小型商場、公園、醫院、公車站等）……等等外資企業在大陸投資正式營運將面臨的各事項的優惠或取得。

---

[12] 依 1999 年 1 月 22 日中華人民共和國國務院令第 259 號發佈施行的《社會保險費征繳暫行條例》第二條規定，社會保險只有「**基本養老保險**」、「**基本醫療保險**」及「**失業保險**」三項，但各省市人民政府自訂的社會保險一般多了「**工傷保險**」及「**生育保險**」兩項，這五項社保金俗稱為「**五金**」。大陸各省市就社會保險的規定並不相同，例如《**南昌市社會保險條例**》第八條：「基本養老保險費、基本醫療保險費和失業保險費，由單位和個人依照規定共同繳納，工傷保險費和生育保險費由單位依照規定繳納。」（2005 年 3 月 31 日發佈），而《**廣州市社會保險條例**》規定：「養老、醫療保險基金，由國家、用人單位、勞動者三方籌集；工傷、失業、生育保險基金由國家、用人單位籌集，勞動者個人不繳納。」（1995 年 7 月 31 日發佈），廣州市勞工個人業不負擔失業保險費。又如《**南昌市社會保險條例**》第十條：「單位和個人按照以下標準繳納社會保險費：(一)基本養老保險費，單位按照本單位繳費工資總額的 **20%**繳納，個人按照本人繳費工資的 8%繳納，法律、法規以及國務院、省人民政府另有規定的，從其規定。(二)基本醫療保險費，單位按照本單位繳費工資總額的 **6%**繳納，個人按照本人繳費工資的 2%繳納。(三)失業保險費，單位按照本單位繳費工資總額的 **2%**繳納，個人按本人繳費工資的 1%繳納。(四)工傷保險費，由用人單位以本單位職工工資總額為基數按照單位繳費費率繳納。……單位繳費費率由社會保險經辦機構根據用人單位工傷保險費使用、工傷發生率等情況確定。(五)生育保險費，單位按照本單位繳費工資總額的 **0.8%**繳納。」，《**廣州市社會保險條例**》就各項保險費率並未明確規定。

　　以上各項稅收減免優惠以外的其他優惠條件專案，大多是屬於地方政府所轄各行政機關執行行政職能之職權範圍，行政機關本身可以依行政執行權、行政裁量權之行使，在招商引資獎勵外人投資的目標下，在合法的前提下，配合投資人的時效或成本需求予以彈性處理，這是給予投資人在進行投資過程中及建廠完成開始營運後，若干運作程序上的實質協助優惠。而行政職權的自由裁量行使，若有配套的法律規定應給予投資人配合協助者，則更能相得益彰地促使優惠條件更容易落實執行，例如：《**江蘇省經濟技術開發區管理條例**》第四章「優惠條件」規定，開發區內的外商投資企業生產經營所需水、電、氣、通訊設施，應當優先保證供應。水、電、氣費按當地國有企業同一收費標準計收（第22條）。開發區內的外商投資企業和生產需要的原材料，當地物資部門要優先安排供應，其價格與供應當地國有企業原材料的價格等同（第23條）。開發區內的外商投資企業按銀行規定可用現匯或者固定資產向銀行抵押，申請貸款。外商投資企業的流動資金和臨時周轉資金，各開戶銀行在貸款指針中優先貸放（第24條）。

　　但是少數涉及必須「依法行政」的專案，例如前述企業必須為職工提撥「五金」，提撥金額比例必須依據個別社會保險條例的明文規定。依法言法，五金中除了工傷保險費外，台商企業是否需要負擔其他社會保險費仍存有疑義，建議台商就社會保險費申請表內之「職工」類別及定義再深入研究，若非其中規定之職工類別，解釋上當然可以排除適用不必負擔。但實際操作上，有些

地方政府也明白若干台商聘用的職工並非社保條例規定的適用對
象，但仍要求台商企業主繳交各項社保金，並「默許」企業主僅
依職工人數的相當比例來提撥，通常這個「比例」並無固定的標
準，都是經過投資人與地方政府溝通協商後，產生出雙方都可接
受的投保比例數字。但如前說明，台商如果可以理解確認所聘用
之職工並非社會保險規定之職工性質時，當可據理力爭無工傷保
險費以外之其他社保費繳納義務，至少可以就職工人數提撥比例
有較大的談判空間。但無論如何，這樣的「默許」不應視為是一
種優惠條件的「承諾」，通常也不會形之於文字約定在投資合同
上，而且日後很容易因政策立法趨嚴或執法力度加大後即予以改
變。其他類似這種「擦邊球」作法的承諾，都不是正規的投資優
惠條件客體的承諾對象，台商投資人應當有正確的認知。

Chapter 3

台商大陸投資之相對人法律地位（主體）研究

討論完優惠條件的「客體」後，優惠條件的談判及簽約「主體」也是另一個影響優惠條件承諾是否有效，及日後優惠條件若因故變更不再適用時，決定投資人有無法律救濟機會及救濟途徑的另一重要因素。但此要素卻是讓所有外資投資者最感困惑的，因為除了大陸中央及地方政府組織層級劃分權責外，為了方便政府「招商引資」相關業務開展所需，各地方政府紛紛成立了各種不同形態及名稱的公司、企業或機構的招商單位，透過它們來專門負責許多屬於民事法律行為的工作，最主要者就是負責進行土地開發及招商工作，然後直接負責與投資人進行投資條件協商討論，包括優惠條件中的各項稅收減免優惠，最後與投資人簽定投資合同，甚至連土地買賣或租賃合同都一併簽署，而該招商單位招聘的員工，原則上也僅是一般聘雇關係，與其有無公務員資格身份無關。但這樣的招商單位與投資人進行投資條件的協商談判，其中若干優惠條件的承諾是否具有法律效力？特別是各種稅收的減免優惠是否有效？最後完成簽署的投資合同的法律效力又如何？這些疑問的解答，必須先對這些國有的公司、企業、機構的法人地位有所瞭解。

3.1 經濟開發區的招商單位

　　大陸全國各省縣市的經濟開發區都設有負責「招商引資」的
執行單位，除了當地政府機關的「招商局」、「招商部」或「招商
引資辦公室」外，通常都還會有個實際負責與投資人洽談各項投
資細節甚至簽署投資合同的單位，而通常這些實際負責執行的單
位都以公司企業的私法人形態出現，而這些公司企業的領導通常
也都具有雙重身份，例如：「○○市○○區○○鎮招商引資辦公室
招商部部長」同時也是「○○市○○鎮集體資產經營公司副總經
理」、也有地方政府領導身兼開發區管理委員會領導職務者，例
如：「○○市○○經濟開發區招商局局長」同時也是「○○市○○
經濟發展有限公司副總經理」。

　　因為各地方政府的領導，通常也身兼管轄區內開發區管理委
員會或發展公司領導的職務，當與外資投資人談投資優惠條件
時，固然可以同時以地方政府領導身份承諾投資人若干條件，以
取信及鼓勵投資人進駐投資，但若是到了具體落實簽署投資合同
階段時，政府單位通常又隱身於合同之外，而不介入具名為簽約
當事人之一方，至多是地方政府領導以個人身份當雙方投資合同
的「見證人」。如此一來，整個投資合同的法律效力究竟如何呢？
特別是屬於政府權力範圍的稅收減免優惠承諾是否有效呢？這必
須同時從簽署投資合同的對造當事人單位法人性質，及承諾事項
的性質究竟屬於公法或私法範疇，個別對應分析，詳後述。

3.2 招商單位的法人性質學理探討

　　這一類形態的企業公司的法人性質，依據本文第一章第一節中有關公司的設立提到，公司必須「依法設立」，而這個「法」包括「公司法」及其它特別法或行政命令，例如所舉例「長江三峽工程開發總公司」、「國家開發投資公司」等，是依國務院的行政命令而設立的；又如在「泛公司化」公司概念中所提到由不同主體和資本聯合性的組織，具有某種與「公司」類似的權益制衡機制或組織機構的組織，例如單純的國有企業，尤其是單一財政主體投資設立的企業，其出資者或股東只有一個，本不符合「公司」的基本構成要件，但通過引進設立某種委員會（例如：AA 高新技術產業開發區管理委員會）或董事會、監事會的集體決策機制，就將其稱為公司、國有獨資公司或具有準公司性質的法人組織。這一類公司的法人格地位非常特殊，在實務操作管理上，這一類的公司在組織上雖不受公司法或民商法的約束調整，但是公司設立程序仍然是依據公司法，實際執行的業務又都是一般民商法上的民事行為為主，所以公司法人格本質上仍然是屬於「私法人」，並不是我們一般概念中的「公家機關」、「公家單位」等行政機關的「公法人」性質。茲分別就民法及行政法角度來進一步討論「法人」的性質及分類，以便檢視經濟開發區招商單位究竟屬於那一種法人性質。

3.2.1 民法上的法人

有關公法人、私法人的判定標準，通常是以法人設立的目的及所依據法律來看，在大陸法系國家和地區，以實現公共福利為目的，依據公法所設立、組織的法人為公法人；追求私人目的，依據私法所設立的法人為私法人。又大陸現行法上對於法人的分類，依《民法通則》規定，法人被分為「企業法人」、「機關法人」、「事業單位法人」和「社會團體法人」四種[1]：

1.企業法人

以從事生產、流通、科技等活動為內容，以獲取盈利和增加、積累、創造社會財富為目的，它是一種營利性的社會經濟組織。依照《民法通則》的規定，大陸的企業法人有三種分類方法：

(1) 根據所有制性質，將企業法人分為全民所有制企業法人、集體所有制企業法人、私營企業法人。

(2) 根據是否有外資參與，將企業法人分為中資企業法人、中外合資經營企業法人、中外合作經營企業法人、外資企業法人。

(3) 根據企業的組合形式，將企業分為單一企業法人、聯營企業法人、公司法人。其中，公司法人是經營性的企業法人，公司又分為有限責任公司和股份有限公司。

---

[1] 王利明主編《民法》P. 78~P. 79, 中國人民大學出版社，2001 年 7 月。

　　有關企業法人的設立原則，在大陸，企業法人分為「公司企業法人」與「非公司企業法人」。公司企業法人依據《公司法》的規定，分為有限責任公司和股份有限公司，有限責任公司的設立，一般採「準則設立主義」，即符合相關法律關於有限責任公司的成立條件的，無須向公司登記機關申請設立登記，公司即可成立。但也有採「許可設立主義」的，如《公司法》第27條第2款就有限責任公司的設立規定：「法律、行政法規規定需要經有關部門審批的，應當在申請設立登記時提交批准文件。」。《公司法》第77條規定：「股份有限公司的設立，必須經過國務院授權的部門或者省級人民政府批准。」，因此，股份有限公司的設立明顯採取許可設立主義。非公司企業法人，依《企業法人登記管理條例》第15條的規定，首先須經主管部門或有關審批機關批准，然後才向登記機關申請登記，也屬許可設立主義。有關企業法人的設立原則，歸納表列如下：

```
                              ┌→ 準則設立主義
             ┌→ 有限責任公司 ┴→ 許可設立主義（公司法 27 條 2 款）
 ┌→ 公司企業法人 └→ 股份有限公司 → 許可設立主義（公司法 77 條）
 │
 └→ 非公司企業法人 → 許可設立主義（企業法人登記管理條例第 15 條）
```

2.機關法人

指依法享有國家賦予的行政權力，並因行使職權的需要，而享有相應的民事權利能力和民事行為能力的國家機關。國家機關以法人的資格進行活動，與其他當事人處於平等的法律地位。有獨立經費的機關以自己的名義參加民事活動所產生的債務，應以它自己的獨立經費給予償還，若債務超出其經費而另需補償的，應由國家有關立法加以保證。國家機關依據法律或行政命令成立，不需要進行核准登記程序，即可取得機關法人資格。

機關法人的設立原則，機關法人的設立，取決於憲法及相關國家機構設置法的特別規定，在設立原則上採「**特許設立**」主義。機關法人自成立之日起，即具有法人資格。

3.事業單位法人

指為了社會公益事業目的，由國家機關或者其他組織利用國有資產舉辦的，從事文化、教育、衛生、體育、新聞等公益事業的單位。這些法人組織不以營利為目的，一般不參與商品生產和經營活動，雖然有時也能取得一定收益，但該收益只能用於目的事業，且屬於輔助性質。它們的獨立經費主要來源於國家財政撥款，也可以通過集資入股或由集體出資等方式取得。事業單位以法人名義從事民事活動所產生的債務，應以它們的獨立經費負清償責任。依據法律規定或行政命令組建的事業單位，從成立之日

起，即具有法人資格；由自然人或法人自願組建的事業單位，應依法辦理法人登記，方可取得法人資格。

事業單位法人的設立，需依照國家法律和行政命令的規定，在設立原則上採「**特許設立**」主義。事業單位法人自成立之日起，即具有法人資格。

4.社會團體法人

指自然人或法人自願組成，為實現會員共同意願，按照其章程開展活動的非營利性法人[2]。社會團體法人採取由參加成員出資或由國家資助的辦法建立團體財產和活動基金，除依法律規定的特別基金外，應以此對其債務負清償責任。社會團體法人可分為：學術性社會團體法人、行業性社會團體法人、專業性社會團體法人及聯合性社會團體法人。

社會團體法人的設立，有採「**特許設立**」主義，需按照國家法律和行政命令的規定來設立，例如婦女聯合會、工會、團組織等；也有採「**行政許可**」主義的，即法人的設立必須經過業務主管部門審查同意，然後向登記機關申請登記才可成立，例如各種協會、學會等。

---

[2] 參閱《社會團體登記管理條例》第 2 條。

3.2.2 行政法上的行政主體

1.行政主體的概念

行政主體是指享有國家行政權，能以自己的名義行使行政權，並能獨立承擔因此而產生的相應法律責任的組織[3]。依此定義，行政主體具備以下三個涵義：

(1) 行政主體是享有國家行政權的組織

行政主體是組織，但並不是所有的組織都能成為行政主體，是否享有國家行政權，是決定某組織能否成為行政主體的一個決定性條件。國家設立國家行政機關，通過憲法或法律賦予其國家行政權，享有國家行政權的國家行政機關就具備了成為行政主體的決定性條件。而除了國家行政機關外，一定的行政機構和其他社會組織，依照法定授權後也可以成為行政主體，於後詳述。

(2) 行政主體是能夠以自己的名義行使行政權的組織

「以自己的名義行使行政權」，是指在法律範圍內依照自己的判斷作出決定，發出命令，並以自己的職責保障這些決定和命令的實施，獨立採取行政行為等。能夠以自己的名義行使行政權，是判斷行政機關及其它組織能否成為行政主體的主要標準。判斷某一組織是否是行政主體，不僅要看是否享有國家行政權，而且要看其是否能夠以自己的名義作出行使行政權的行政行為。

---

[3] 羅豪才主編，《行政法學》P. 48，北京大學出版社，1996 年 12 月版。

　　國家行政機關代表國家行使行政權，該行政機關便具有行政
主體的資格，在行政法律關係中成為一方當事人。國家行政機關
以外的組織的行政權，是通過授權而獲得的，即使通常情況下該
組織處於行政系統之外，基於法定授權依然能夠以自己的名義行
使行政權，在其授權範圍內的一切行政活動都必須適用一般行政
法規範，故具有行政主體資格，在行政法律關係中成為與行政相
對人相區別的一方當事人。也就是說，只有那些符合法定條件、
履行必要的法定程序而成立的，享有國家行政權的行政機關和接
受法定授權的組織，才享有對外的名義權。

　　而享有對外名義權的國家行政機關及其它組織，行使國家行
政權的具體工作是由其內部機構運作完成的，這種「內部機構」
是否可以成為行政主體，學者有不同看法。採「否定說」學者認
為，國家行政機關的內部機構雖擁有自己的名稱，但其只是一種
內部分工的表示方法，對外則無任何意義。在行使本機關或組織
所享有的行政權時，則必須以享有名義權的行政主體的名義去實
施。行政機關的內部機構及其它組織，只有依照法定授權獲得行
政權後，才能享有對外名義權。也就是說，行政機關的內部工作
機構，在一般情況下不能成為行政主體[4]。

　　筆者則採「肯定說」立場，認為國家行政機關的內部機構也
是行政主體，也應該對外承擔法律責任，理由是：

---

[4]　羅豪才《行政法學》P. 49，北京大學出版社，1996 年 12 月版。

① 因為國家行政機關的內部機構、單位是依據中華人民共和
　 國《憲法》、《國務院組織法》、《地方各級人民代表大會和
　 地方各級人民政府組織法》的規定而設立，本身即享有組
　 織法明確的規定，不須再另訂法律給予授權。

② 依行政法基本原則「合法性原則」的精神，行政主體的設
　 立、擁有行政職權和行使行政職權都必須依據法律、符合
　 法律，不得與法律相抵觸外，任何違法行政行為都應該承
　 擔相應的法律責任，這是行政合法性原則的最基本內涵。
　 任何行政主體或依法以行政主體的名義行使行政職權的組
　 織和個人，違法行使行政職權作出行政行為，侵犯公民、
　 法人和其他組織的合法權益，都應當承擔相應的法律責
　 任，公民、法人和其他組織有權利依法取得行政救濟[5]。

③ 國家行政機關的內部機構是政府政策實際上的執行者，是
　 政府行政行為的行為人，與相對人（公民、法人和其他組
　 織）直接密切往來，如果這些內部機構不具有行政主體資
　 格，違法行使行政職權作出違法行政行為後，卻因為沒有
　 可被非難的主體存在而可以不必負責，不但有違行政法「合
　 法性原則」，政府機構有權無責的現象，罔顧行政行為相對
　 人對該內部機構的信賴利益，也有違「責任政治原則」。[6]

---

[5] 張正劍主編《行政法與行政訴訟法》P. 25，中國人民大學出版社，2004 年
　 6 月第 2 版。
[6] 肯定說為經濟法學者中國人民大學史際春教授所主張。

(3) 行政主體是能獨立承擔法律責任的組織

原則上，能否獨立承擔法律責任，是判斷行政機關及其它組織能否成為行政主體的一個關鍵性條件。若某一組織僅僅行使國家行政權，實施國家行政管理活動，但並不承擔因行政權的行使而產生的法律責任，則不是行政主體。要成為行政主體，必須是享有行政權，並以自己的名義去實行行政權，同時還必須能夠獨立參加行政複議和行政訴訟活動，獨立承擔因實施行政權而產生的法律責任。

但事實上，行政機關及其它組織是否都必須「獨立」承擔法律責任才能具有行政主體資格，應該做較廣義的解釋。因為若按此特徵，則政府所屬的部門、機構就不是行政主體了，因為它們不能獨立承擔財產責任。但如前述有關行政機關「內部機構」的行政主體資格肯定說的立場，行政機關的內部機構與行政機關的關係，如同民法概念裏代理人與被代理人的關係，二者間存在代理（或表現代理）關係，代理人行為之效力是及於被代理人的。同理，具行政主體資格者必須能承擔法律責任，但不必然是「獨立」來承擔責任，若行政機關的內部機構有任何違法行政行為發生致侵害公民權益時，該內部機構與其所屬上級行政機關應「共同」來承擔法律責任。

總而言之，國家行政機關是最主要的行政主體，但是，行政主體不以行政機關為限。除行政機關外，行政機關的內部機構、單位及依照法定授權而取得行政權的組織，也都可以成為行政主

體。此外，能夠成為行政主體的行政機關和其他組織，也不是一切場合都以行政主體的資格出現。判斷某一組織是否是行政主體，主要看其是否承擔國家行政權，是否在與社會中其他主體發生關係時以行政權享有者的資格參加。只要是享有國家行政權，在國家行政管理活動中以自己的名義行使行政權，並能夠承擔因此而產生的法律責任的組織，才是行政主體。

2.「行政機關」不等於「行政主體」

常令投資人甚至是行政官員本身都容易混淆的，是與「行政主體」組織概念相似的「行政機關」，但二者性質不同。「行政主體」只能是國家行政機關和接受授權的組織，因為，只有行政機關和接受授權的組織才享有國家行政權力，才能以自己的名義從事行政管理活動，並獨立承擔因此而產生的法律責任。

國家行政機關，又稱「國家行政管理機關」，是指國家根據其統治意志設立的，依法享有並運用國家行政權，負責組織、管理、監督和指揮國家行政事務的國家機關。按照這一定義，國家行政機關必定是行政主體，而且是最重要的行政主體。但是，行政機關是一種客觀存在的社會現象，行政機關可以成為行政法律關係主體，也可以成為民事法律關係主體。在行政法律關係中，行政機關可以是行政主體，也可以是行政相對方。行政機關能否成為行政主體，不僅要靜止地看其是否享有行政權，而且還要看其從事某種活動時是否運用行政權，及其以何種身份從事活動。當行

政機關行使國家行政權時，必是以行政主體資格行之；當行政機關以自己機關的名義從事民事活動時，或以被管理者的身份參加行政法律關係時，其身份是民事法律關係主體或行政相對方。因此，對具有行政主體資格的行政機關也不能一概而論。

但是，由於行政機關是一個自成體系的大系統，對行政機關也不能一概而論。由於「行政機關」和「行政機構」、「行政組織」的概念在實定法上和學理上都存在混用現象，不可以將「行政機關」一概視為行政主體。行政機關不等於行政主體，行政主體的概念範圍大於行政機關，也就是說除行政機關外，一定的行政機構和其他社會組織，依照法定授權，也可以成為行政主體[7]。

行政主體與行政機構之間存在著一種不完全的包含關係，其表現態樣是：

(1) 行政主體主要由行政機關構成，但行政機關之外的社會組織和行政機關內部的行政機構，在特定的條件下也可以成為行政主體。經過法律的特別授權，行政機關以外的社會組織和某些行政機關內部的行政機構也可以行使一定的行政職能，參加行政法律關係，具有行政主體的地位。

(2) 行政機關雖然都可以成為行政主體，但並非在任何場合都是行政主體，行政機關只有參加到行政法律關係

---

[7] 張正釗主編《行政法與行政訴訟法》（第二版）P. 64，中國人民大學出版社，2004 年 6 月 2 版。

中行使行政管理職能時，才能成為行政主體。當行政
機關參加民事法律關係時，它的法律地位只能是機關
法人，是一般的民事主體。

此外，政府成立的「臨時性機構」，有時人們也稱之為「行政
機關」，有學者認為臨時性行政機構只是協調性機構，負責協調那
些享有國家行政權的機關以自己名義行使行政權，並承擔因此而
產生的法律責任的行政機關的活動，而臨時性行政機構本身一般
不對外行使國家行政權，因此也就不需要對外承擔法律責任，因
此認為臨時性行政機構不是行政主體，除非其接受法定授權。但
也有學者認為，因為事實上大陸的臨時性行政機構也對外與人民
發生法律關係，基於前述有關行政機關「內部機構」的行政主體
資格肯定說的立場，臨時性行政機構也應當對外承擔法律責任[8]。

3.行政主體的類型

一般行政法學者依據不同的標準，將行政法主體做不同的分
類如下[9]：

(1) 職權行政主體與授權行政主體

這是行政法中對行政主體最重要的分類方式，是根據行政主
體資格取得的依據不同，或是根據行政職權的的來源及產生方式

[8] 經濟法學者中國人民大學史際春教授意見，筆者亦認同此觀點，方能充
分保障人民之權益。
[9] 楊海坤主編，《中國行政法基礎理論》P. 67~P. 71，中國人事出版社 2000
年 5 月版。

不同，可將行政主體分為「職權行政主體」與「授權行政主體」，或稱為「職權性行政主體」與「授權性行政主體」[10]。凡是行政職權是隨組織的成立而自然取得，無須其他組織授予的管理主體，便是職權行政主體。行政機關一經依法成立，即自然享有組織法規定的各種行政職權，它們屬於職權行政主體。反之，凡行政職權不因組織的成立而產生，其職權必須來自有權機關授與的管理主體，便是授權行政主體。

(2) 外部行政主體與內部行政主體

根據行政主體實施行政權的範圍，可將行政主體分為外部行政主體與內部行政主體，有權按地域對社會上的相對人實施管理的，是外部行政主體；而按隸屬關係只能對行政主體管理的，是內部行政主體，如機關事務管理局。當然，這種劃分不是絕對的，有些行政主體既是外部行政主體又是內部行政主體，如各級人民政府。

(3) 本行政主體與派出行政主體

當一個行政主體與另一個行政主體之間具有派出關係時，前一個行政主體謂之本行政主體，後一個行政主體謂之派出行政主體。

---

[10] 俞子清主編，《行政法與行政訴訟法學》P. 77，法律出版社，2001 年 5 月版。

(4) 單獨行政主體與共同行政主體

以行政行為的相應劃分，可以單獨為行政行為者為單獨行政主體，必須共同為行政行為者為共同行政主體。

4.行政主體的範圍

在中國大陸，能夠成為行政主體的範圍主要包括「**行政機關**」本身及因「**行政授權**」取得行政主體資格者兩種，另外還有較特殊的經由「**行政委託**」方式成為行政主體的。分述如下：

4-1. 行政機關

行政機關是行政主體的主要表現形式，大陸行政機關的體系可歸納區分為「中央行政機關」及「地方行政機關」，按大陸現行《憲法》及《國務院組織法》的規定，中央行政組織由國務院、國務院的組成部門、國務院直屬機構、國務院辦事機構以及部、委管理的國家局等組成；按《憲法》及《地方各級人民代表大會和地方各級人民政府組織法》的規定，「地方行政機關」由地方各級權力機關、地方各級人民政府、地方各級人民政府的職能部門、派出機關和派出機構等組成，此外尚有「特別行政區」與各地「經濟開發區」兩類特別的地方組織[11]。表列及說明如下：

---

[11] 參應松年、薛剛凌著《行政組織法研究》，P. 156、P. 212，法律出版社，2002年10月一版。

中央行政機關	地方行政機關
國務院	地方各級權力機關
國務院的組成部門	地方各級人民政府
國務院直屬機構（由國務院自行設置）	地方各級人民政府的職能部門
	派出機關和派出機構（經法律法規授權）
國務院辦事機構（經法律法規授權）	
國務院部委管理的國家局	經法律法規授權的地方特別組織

中央行政機關：

①國務院

按憲法規定，國務院即中央人民政府，是最高權力機關的執行機關，是最高行政機關，能夠領導、組織、指揮、協調全國的行政管理工作，在內政、外交上代表中國政府活動。國務院由總理、副總理、國務委員、各部部長、各委員會主任、審計長、秘書長組成，國務院實行總理負責制，國務院工作中的重大問題必須經國務院全體會議或常務會議討論決定。

根據大陸憲法和國務院組織法的規定，國務院享有並行使非常廣泛的行政管理權，從行政主體行使職權的角度，我們可以把國務院的行政職權歸納為以下幾個方面：一是制定行政規範權（包括制定行政法規），二是領導各級機關權，三是領導和管理全國各項行政工作權，四是最高權利機關授予的其他職權。

②國務院組成部門（各部、委、行、署）

國務院組成部門包括各部、各委員會、人民銀行和審計署（部、委、行、署），依法對某一方面的行政事務進行管理，具有

全國範圍內的管理許可權。根據 1998 年 3 月 10 日第九屆全國人民代表大會第一次會議通過的《國務院機構改革方案》，國務院現有 29 個部、委、行、署。按其職能，國務院組成部門可分為：一、宏觀調控部門，二、專業經濟管理部門，三、教育科技文化、社會保障和資源管理部門，四、國家政務部門。

部所管理的行政業務比較專業化，工作內容相對單一，往往通過本組織系統便可完成，例如司法部。委員會所管理的業務帶有綜合性，往往涉及較多行業和部門，工作內容相對龐雜，例如國家發展和改革委員會（"發改委"）。

根據《憲法》和《國務院組織法》的規定，國務院組成部門的設置，由全國人民代表大會決定，在全國人民代表大會閉會期間，由全國人民代表大會常務委員會決定。國務院組成部門主要行使下列職權：一是制定行政規範權（包括制定行政規章），二是對本部門所轄事務的管理權，三是裁決行政糾紛權。國務院組成部門實行首長負責制。國務院組成部門對外管理的具體許可權由《國務院組織法》和單行法律、法規規定。

③國務院直屬機構

國務院直屬機構是國務院直接領導下的管理各項專門業務的行政管理部門，主要負責一些專業性強，又不便由部、委管理的事項。依 1998 年國務院機構改革的決定，國務院現設有中華人民共和國海關總署、國家工商行政國務管理局等 17 個直屬機構。

國務院直屬機構的地位較為特殊，與國務院的組成部門相比，有以下幾個特點：一是直屬機構的規格地位除總局外，低於國務院各組成部門；二是直屬機構的負責人不是國務院的組成人員，擁有獨立的職權與職責；三是國務院直屬機構由國務院自行設置，不須國家權利機關的批准；四是直屬機構的主管業務單一，非綜合性行政業務。

④國務院辦事機構

國務院辦事機構是指國務院設立，為協助總理辦理專門事項的輔助性機構。按照 1998 年《國務院機構改革方案》的決定，國務院設有國務院外事辦公室等 6 個辦事機構。和國務院組成部門及國務院直屬機構不同，辦事機構的主要職能是協助總理辦理專門而具體的事務，一般不享有對外管理的許可權。

⑤國務院各部、委管理的國家局

國務院可以根據國家行政事務的需要，設立若干行政主管職能部門，部、委管理的國家局是國務院設置的主管專門業務，由部委規口管理但又具有相對獨立性的行政機關。按照 1998 年《國務院機構改革方案》的決定，國務院設有 18 個部委管理的國家局，2001 年 2 月，國家經濟貿易委員會歸口管理的 8 個國家局正式撤銷，改成行業協會，同時新成立國家安全生產監督管理局（國家煤礦安全監察局）。

國家局與受其管理的部委之間的關係尚無法律規定，根據國務院有關文件的精神，國家局的業務受所在部委領導。凡重要的事項，如政策的制定、行政規範的起草修改以及重大問題要經部長、委員會主任批准才能上報國務院。由於其行政事務與一些部、委的職能有聯繫，因而由相應的部委對其進行管理，如國家煙草專賣局由國家經貿委管理。國家局的人事、編制和行政事業經費等由國家局自己負責。

地方行政機關：

①地方各級權力機關

大陸的行政區域劃分為省（自治區、直轄市）、市（副省級市、局級市）、縣（縣級市）和鄉鎮四級。相應的，地方權力機關也分為省、市、縣、鄉鎮四級，地方權力機關的組織形式是各級人民代表大會及其常委會，其中，省、自治區、直轄市、自治州、設區的市的人民代表大會由下一級的人民代表大會選舉；縣、自治縣、不設區的市、直轄區、鄉、民族鄉、鎮的人民代表大會由選民直接選舉。縣以上的人民代表大會設常務委員會。地方各級權力機關負責本級人民政府重要官員的任命，監督本級人民政府和下一級地方權力機關，保障法律在本行政區劃的執行。

②地方各級人民政府

與地方權力機關一樣，地方人民政府也分為省、市、縣、鄉鎮四級。地方各級人民政府是地方各級權力機關的執行機關，是

地域性的行政決策和指揮機關,地方各級人民政府在各自管轄的地域範圍內,根據憲法和有關法律的規定負責本行政區域內行政事務的管理,並領導下級行政機關。

地方人民政府地位具雙重性,一方面,它要對本級權力機關(人民代表大會)負責,另一方面,它要對其上一級國家行政機關(人民政府)負責,並服從國務院的統一領導。縣級以上的地方各級人民政府在本級人民代表大會閉會期間,對本級人民代表大會常務委員會負責。全國地方各級人民政府都是國務院統一領導下的國家行政機關,都服從國務院。

地方各級人民政府的主要職權包括:一是制定行政規範權,其中縣級以上人民政府有權發佈決定和命令,省級以上人民政府和較大市人民政府有權制定行政規章;二是對本區域行政事務的管理權;三是領導和監督本級人民政府職能部門和下級人民政府的行政工作權。

③地方各級人民政府的職能部門

根據憲法和地方組織法的規定,縣級以上地方各級人民政府可以根據工作需要,依精幹的原則,設立若干職能部門(工作部門)。其中,省級人民政府職能部門的設置,由本級人民政府報請國務院批准,其他各級人民政府職能部門的設置,由本級人民政府報請上一級人民政府批准。職能部門管理所轄行政區域內的某項專門行政事務,一方面對本級人民政府負責,受本級人民政府統一領導;另一方面,要向上一級人民政府職能部門負責,接受

上一級人民政府主管職能部門的領導或指導。例如廣州市黃埔海
關，除了受廣州市人民政府領導外，同時也要接受廣東省海關總
署的指導。

地方各級人民政府所設職能部門，也就是本文中前述行政機
關的「內部機構」，對人民而言是具有行政主體資格者，是必須對
人民負責任的，只是不以其獨立負責為必要條件，其上級主管機
關也應該負相同的責任。地方各級人民政府職能部門的職權是主
管事務的決定權，具有執行法律對具體事項做出處理的權力。大
陸的行政執法機構大多集中在縣、市兩級。

有學者認為，鄉、鎮人民政府是最基層的人民政府，鄉、鎮
人民政府內部只設辦事機構，不設職能部門，也不設派出機構，
鄉、鎮人民政府的辦事機構在對外活動中，只能以鄉、鎮人民政
府的名義作出行政行為，不能獨立對外行使行政權。因此，在鄉、
鎮人民政府系統中，只有鄉、鎮人民政府一個行政主體，除法律、
法規有授權外，任何內部機構都不具有行政主體資格，其實是太
過拘泥於行政主體資格的形式，反而忽略了政府職能部門與人民
實際往來的實質關係，犧牲了人民對政府職能部門的信賴利益。

④地方人民政府的派出機關和派出機構

地方人民政府的派出機關和派出機構也是地方行政機關組織
的一部份。派出機關是指由一級（縣級）以上地方人民政府經在
一定行政區域內設立的派出組織。根據地方組織法的規定，地方
人民政府的派出機關有三種類型：省、自治區人民政府經國務院

批准設立的「**行政公署**」；縣、自治縣人民政府經省、自治區人民政府批准設立的「**區公所**」；市轄區、不設區的市人民政府經上一級人民政府批准設立的「**街頭辦事處**」。派出機關雖然不是一級人民政府，但根據地方組織法的規定，實際上卻履行一級人民政府的職能，對一定行政區域內的行政事務享有組織和管理權，能夠以自己的名義對外做出行政行為，並能獨立對其行為的後果承擔責任，尤其是行政公署，其管理的事務十分廣泛。因此，地方人民政府的派出機關具有行政主體資格。

派出機構是由政府職能（工作）部門根據需要，在一定行政區域內設立的派出組織。在大陸派出機構的種類較多，如公安派出所、稅務所和工商所等。派出機構是由政府職能（工作）部門設置，因而其職能較為單一。

派出機構與派出機關雖同屬行政機關派出的組織，但二者有很大區別，以表列對照說明如下：

	派出機關	派出機構
設立的機關不同	由一級人民政府派出	由政府的職能部門派出
行政主體資格的取得方式不同	依有關組織法的規定設立，根據組織法的規定，一經設立，即取得行政主體資格。	在設立後是否取得行政主體資格，取決於法律、法規是否對其授權。
職能和許可權的範圍不同	為履行一級政府的職能，其職能是多方面的，許可權是綜合的。	為某項行政事務而設立，職能和許可權比較單一，往往只就某特定行政事務行使職權。
組織類型	行政公署、區公所、街頭辦事處	公安派出所、稅務所、工商所

⑤經法律法規授權的地方特別組織

除了上述的地方行政機關外，還有「特別行政區」及「經濟開發區」兩類特殊的地方行政組織。在「一國兩制」的制度下，香港、澳門被設置為特別行政區，特別行政區的行政組織制度為特別行政區基本法所規定。

而各地經濟開發區的組織，也是經過法律的授權而設立，例如：廣州市人民代表大會常務委員會於 1987 年 2 月 19 日頒佈實施**《廣州市經濟技術開發區條例》**，該條例第二條：「廣州經濟技術開發區（簡稱開發區）經國務院批准，在廣州市設立。開發區是在廣州市人民政府領導下實行國家優惠政策、進行經濟技術開發的區域。」各地經濟開發區因主客觀發展條件的不同而各有自己的特色，在實際執行招商引資工作時也常有不同的尺度，且尚在不斷變化之中，對大陸各地經濟開發區的管理是目前大陸宏觀調控下的一項重點管理專案，而這也是目前台商最感疑惑且無所適從的地方，於本文後段將再予詳述。

4-2. 行政授權─因行政授權而取得行政主體資格的組織

1.行政授權的涵意

除了行政機關本身以外，其他依據單行法律、法規授權而取得特定行政職權的行政機關、公務組織和其他社會組織，亦具有行政主體資格。行政授權有特定的內涵，指法律法規直接將某些

行政職能及行政權授予行政機關以外的組織行使的法律制度。行政授權的出現，主要是基於管理和控制行政組織規模的客觀需要。

2.行政授權的性質

行政授權的性質是行政分權的形式之一，即將一些行政權力分散由某些社會組織承擔。行政授權與國家職能向社會轉移，與行政民主化的發展趨勢一致，無論從分權、民主、效率的精神考慮，還是從管理的實際需要出發，都決定了行政授權的必要。

3.行政授權的特徵

行政授權的組織具有這樣幾個特徵：1.其職權來源是法律、法規所明確授予的，除法律、法規之外，任何行政機關及其它的行政主體均不具有授權的資格。2.被授權的組織必須是其他的行政機關以外的其他組織，行政機關系統內部的上級行政機關將本屬於自己職權範圍內的某些行政事務交由下級行政機關辦理，並非這裏所指的授權。3.被授權的組織在被授權範圍內以自己的名義自主行使行政職權，而不是以授權人的名義實施行政職權，其行為的法律後果亦歸屬於該組織。

4.行政授權的範圍

　　大陸現行法律未見有行政授權範圍的規定，但有學者認為從法理上行政授權應有一定的授權範圍限制[12]，什麼樣的行政權力可以授權出去，什麼樣的行政權力不可以授權出去，要有一個範圍標準，認為對行政授權的範圍要確立如下標準：

　　第一、**必要授權**：行政授權必須是出於行政管理的實際需要，如有些行政事務專業性、技術性較強，由一般行政組織以外的機關承擔更便捷有效率。例如授權公立大學行使招生權、教職員派遣權以及對學生的日常管理、授予學位等權力，比由教育行政機關行使此類權力要方便得多。

　　第二、**有限授權**：鑑於被授權組織具有相當的獨立性，受控制的程度較弱，所以涉及國計民生的重大的行政立法權和決策權不能授權。可授權的權力主要是執行法律的權力，包括裁決與管理業務有關的民事爭議的權力等。

　　第三、**法律授權**：從嚴格意義上說，是否給予行政授權只能由國家權力機關決定，只有國家權力機關才能根據管理的需要，將部份行政權授權給行政機關以外的組織行使。當然在法律有特別規定的情形下，行政機關也可依法再行授權。此外，地方性法規在不違背憲法、法律的情況下，也可授予行政權給地方行政機關以外的組織。

---

[12] 應松年、薛剛凌著《行政組織法研究》，P. 97，法律出版社，2002 年 10 月版。

5.行政授權的標準

行政授權的標準是針對授權者而言，即授權者在授權時應遵循的準則。學者認為行政授權應確立以下標準：第一，被授權者適格，即被授權者應該是行政機關以外的具有法人地位的組織。第二，符合行政授權的範圍，即如前述，行政授權要受到一定範圍的限制，超出範圍的授權無效。第三，授權的內容明確、具體，具有可操作性（可行性）。第四，授權期限明確。

6.行政授權的組織

在大陸實踐現況中，法律、法規授權的組織通常包括以下幾種：

(1) 行政機構

行政機構是指各級人民政府和政府的職能部門，根據行政管理的需要設置的，協助處理和具體辦理政府和政府職能部門的各項行政事務或機關內部事務的工作機構。行政機構一般不能以自己的名義獨立對外行使職權，因而不具有行政主體資格。但行政機構在獲得法律、法規的授權時，即具有行政主體資格，能夠以自己的名義獨立對外行使職權，並承擔相應的責任。

根據大陸法律、法規的有關規定和行政活動的實際運行狀況，具有行政主體資格的行政機構主要有以下幾種：

①行政機關的內部機構

行政機關的內部機構可以分成兩類：一類是各級人民政府所屬的內部機構，包括各類臨時設置的機構，另一類是政府職能部門的內部機構。目前，依法得到授權並具有行政主體資格的主要是後一類機構，例如《水污染防治法》第四條規定：各級交通部門的航政機關是對船舶污染實施監督管理的機關，因此，對船舶在停泊或航行過程中所造成的水污染的監督管理，不是各級交通管理部門來實施，而是由各級交通部門所屬的航政機關來實施。航政機關屬於行政機關的內部機構，由於《水污染防治法》的授權，使其成為對船舶污染實施監督管理的行政主體。

②政府職能部門的派出機構

如前述，它是由政府的職能部門根據行政管理的需要，在一定區域內設置的管理某項行政事務的機構，例如：公安派出所、稅務所、工商所等。從機構的性質上講，派出機構與職能部門的內部機構處於同一地位，即其本身並無行政主體資格，但是，在法律、法規對其有授權的時候，就可以成為行政主體，例如《治安管理處罰條例》第 33 條規定：警告、50 元以下的罰款，可以由公安派出所裁決。因此，公安派出所具有行政主體資格，但其職權範圍僅限於行使警告和 50 元以下罰款的處罰權，超出這一範圍，其就不能以自己的名義獨立行使職權，實施行政行為。

③依法設立的專門機構

根據行政管理的需要，有些法律、法規規定，在行政機關內部設立處理專項行政事務的專門機構。一般而言，專門機構的設立，是法律、法規的授權在前，機構設立在後，而前述內部機構和派出機構，則是機構設立在前，法律、法規授權在後。專門機構主要負責處理有關專業性、技術性較強的行政事務，如《國境衛生檢疫法》第 2 條規定，設立「國境衛生檢疫機關」，由其依法「實施傳染病檢疫、監測和衛生管理」，據此，國境衛生檢疫機關即可行使國境衛生檢疫方面的行政監督檢查權、行政強制權和行政處罰權，具有行政主體資格。再如，《商標法》第 20 條規定：國務院工商行政管理部門設立「商標評審委員會」，負責處理商標爭議事宜，依據該法的規定，商標評審委員會是處理商標爭議的專門機構，具有行政主體資格。

(2) 公務組織

公務組織是指國家依法設立的，專門從事各種公共事務、履行公共職責的組織，如郵政、鐵路、公立學校、公用事業局等。由於國家公務活動的複雜性、繁忙性以及某些行政事務的專業性和技術性等諸多因素，使得行政機關難以承擔和顧及所有的公務活動。為更方便和有效地進行對社會公共事務的管理，國家往往設立一些獨立的組織來實施某些領域的行政管理活動，這些組織通過法律、法規的授權享有一定的行政職權並履行行政職責，且

能夠對其行為後果獨立承擔法律責任，從而成為行政法上的行政
主體。

公務組織具有下列特徵：公務組織由行政機關決定設立，與
行政機關之間具有領導或指導關係；公務組織屬於事業組織，不
屬於行政機關系統；公務組織是專門從事某方面專業性、技術性
的行政公務活動的組織；公務組織往往一經設立即依據法律、法
規的授權取得行政主體資格。上述特徵使得公務組織與同樣具有
行政主體資格的行政機關和行政機關的機構相區別。

有些公務組織的性質具有爭議性，例如大陸國家「專利局」，
原先被設為行政機關，在 1993 年的大陸行政機構改革中變成了事
業單位，但原職能、權限不變，國家專利局仍根據《中華人民共
和國專利法》行使行政職權。雖然在表面上，由於這些機關性質
的改變，從行政機關變成了事業單位，減少了行政組織的規模，
但這些事業單位同樣由國家財政負擔，與其他行政機關一樣行使
職權，有學者認為這類公務組織並不是真正意義上的授權[13]。

(3) 其他社會組織

其他社會組織是指某些企業單位、事業單位、社會團體、群
眾性組織等社會組織，它們根據單行法律、法規的授權，取得行
政主體資格，行使某一方面特定的行政管理權。

---

[13] 應松年、薛剛凌著《行政組織法研究》，P. 97，法律出版社，2002 年 10
月版。

①企業單位

企業是從事生產經營活動，以營利為目的的組織，一般而言，企業的活動不帶有公務活動的性質，但在特定條件下，由於單行法律、法規的授權，企業可以成為行使某項特定行政職權的行政主體。

例如《上海市地下鐵道管理條例》規定，「上海市地鐵總公司」是具有管理公共事務職能的企業組織，其可以依照前條例之規定實施行政處罰。又例如「中國銀行」屬於國有企業，但它可以根據法律法規的授權發行外幣債券，當中國銀行從事上述活動時，它便成為行政主體。

②事業單位

事業單位一般是從事社會事業活動，但在單行法律、法規有授權的時候，其即取得行政主體資格。例如衛生防疫機構一般從事衛生防疫工作，但《公共場所衛生管理條例》授予其公共場所衛生監督的職權。又如縣級以上的衛生防疫站和食品衛生監督檢驗所都是事業單位，但他們經《食品衛生法》的授權而獲得了食品衛生監督檢查的行政職權。

③社會組織、社會團體

某些社會團體在單行法律、法規有授權的時候，可以成為某一領域的行政主體。例如依《註冊會計師法》的規定，「註冊會計師協會」是由註冊會計師組成的社會團體，中國註冊會計師協會

組織實施註冊會計師全國統一考試，省、自治區、直轄市註冊會計師協會負責註冊會計師的註冊工作。又如工會、婦聯、律師協會等，在授權情況下，可以辦理某些政府交辦的行政事務。

④基層群眾性社會組織

村民委員會、居民委員會不是一級國家行政機關，而是基層群眾組織，但它們可以根據法律法規的授權，辦理一些行政事務，如根據土地管理法有關規定核發村民用地許可證等。

⑤此外，一些法定的技術檢驗、鑑定機構，一些群眾性治安保衛組織，以及某些私人組織，也可根據相應法律、法規授權而成為特定的行政主體。其他被授與國家之公權者，除地方自治團體、職業團體等公共團體外，國家有時為達其行政上目的之必要，而授與私法人或私人以國家之公權，此種獲有公權之私法人或私人，在其權力範圍內，與他人發生之關係，亦為行政法關係，而為行政法關係之當事人，例如《教育法》授權私立大學有錄取、處分學生及授與畢業生以學位證書之權力。

7.被授權組織的法律地位

被授權組織的法律地位，主要體現在以下三個方面：

第一、被授權組織在行使法律、法規所授職權時，享有與行政機關相同的行政主體地位。但必須補充說明的是，有學者認為該被授權組織並非實質意義上的行政機關，如果該被授權組織是實質意義上的行政機關，則應將其納入行政組織的序列，以便於

統一管理和控制[14]。但筆者認為這樣的見解似是對實質行政機關
過於狹隘的解釋，理由如下：

1. 從行政組織法的立法層面言，法律往往難以巨細靡遺地涵
   蓋一切的法律事實，以國家行政業務種類項目之浩繁及與
   時俱進之變化，欲全數納入行政組織法的序列，事實上是
   很困難的立法工程。而立法尚且如此困難，更何況是要將
   事實上已存在的各類型行政組織體納入現行行政組織法定
   義下的行政組織統一管理和控制，單是人事安排管理及經
   費預算編列執行等問題，恐比行政組織立法工程更加困
   難。換言之，即使行政立法與現實組織管控均勉力完成，
   不論是否周延，其結果是造就了龐雜的行政組織，將更加
   重國家的行政負擔。

2. 如前所述，各類型的行政授權組織都是依個別單行法律、
   法規所設立，有其法源依據，若溯源各單行法律、法規的
   立法機關或主管機關，自廣義解釋上言之，也都源自於行
   政組織法內的行政機關。自行政分權理論與提昇行政效率
   的實際操作面言，行政授權自有其必要性與正當性。

3. 被授權組織具有獨立的法人地位，能以自己的名義行使法
   律、法規所授職權，並對外獨立承擔相應的法律責任，從
   其在法律地位上的主體性及人民對其信賴利益之角度來

---

[14] 行政授權，參閱應松年、薛剛凌著《行政組織法研究》，P. 96～P. 99，法律出版社，2002 年 10 月版。

看，無異於一般行政組織，甚至於與人民之利害關係較之一般行政組織更為密切且直接。

第二、被授權組織具有獨立的法人地位，能以自己的名義行使法律、法規所授職權，並對外獨立承擔相應的法律責任。依《中華人民共和國行政訴訟法》第 25 條第 4 項規定：「**由法律、法規授權的組織所作的具體行政行為，該組織是被告。**」，《中華人民共和國國家賠償法》第 7 條第 3 項規定：「**法律、法規授權的組織行使授予的行政權力時侵犯公民、法人和其他組織的合法權益造成損害的，被授權的組織是賠償義務機關。**」，現行法已將行政授權關係中的被授權組織行使職權的法律責任清楚規定。

第三、被授權組織在執行其本身的非行政職能時，不享有行政權，也即不具有行政主體的地位。這是前述「有限授權」原則在行政授權範圍落實執行的必然結果，也是行政法「依法行政原則」在行政授權關係中亦適用之的具體表現。

4-3. 行政委託—因行政委託而取得行政主體資格的組織

與行政授權密切關係的是「行政委託」，行政授權產生被授權組織，而行政委託則產生受委託的組織，說明如下：

1. 行政委託的涵意

行政委託是指行政機關出於行政管理的需要，依法將部份行政權委託給行政機關以外的其他行政主體、社會組織甚至個人行

使的法律制度。行政委託也要依據法律進行，但與行政授權不同
的是，其直接依據是行政機關與受委託人達成的行政委託協議，
以合同方式具體約定。行政委託關係中，受委託方以委託方的名
義實施行政管理活動，行為的後果由委託方承擔。

2.行政委託的性質

行政委託在本質上是行政行為的代行，並不導致行政職能的
轉移，只是由他人以委託機關的名義代行，責任始終由委託機關
承擔。從現有立法及行政管理的實踐看，行政委託一般以行政執
法權的委託居多。

3.行政委託的特徵

行政委託是指國家行政機關在自己的職權範圍內，把某項行
政職權或行政事項委託給某一機關、單位、組織或個人辦理的行
為，行政委託具有以下特徵：

第一，行政委託的委託人必須是國家行政機關，其他非行政
機關的委託不能稱之為行政委託。

第二，在行政委託中，行政機關委託或交辦行政職權或行政
事項必須在自己的行政職權範圍內，超出自己職權範圍的委託行
為是無效的。

第三，受委託的組織可以是其他行政機關、其他國家機關及
非國家機關的社會組織。

4.行政委託的範圍

如同行政授權，在行政委託制度中也必須確立可委託事務的範圍，哪些行政事務適合委託，有學者提出以下的標準：

第一，技術性的事務可以委託，如稅務審查、審計、質量鑑定等事務專業技術性強，如果全部由政府承擔，則意味著政府要維持龐大的技術人員隊伍，難以控制行政組織的規模。另外，這些技術性機構一但成為政府的組成部份，很難保證其獨立性，不利於其公正地開展工作。

第二，簡單的大宗管理事務可以委託，如稅款的代繳、公路的維護管理等。這類事務工作量大，多屬執行性，實行委託比較便捷，可提高行政效率，且節省行政成本支出。

5.行政委託的形式

行政委託應採用委託合同的方式進行。行政委託合同應載明委託的法律依據、委託的事項及權限範圍、委託行政機關及受委託人各自的權利、義務及責任、委託的權力內容、期限等。行政委託合同中涉及委託事項及權限範圍的部份應對相對人公開。通過行政委託合同的形式實施委託，可以明確委託行政機關與受委託人之間的關係，避免在責任承擔問題上互相推諉，也有利於相對人對受委託人權限的瞭解。

至於委託行政機關與受委託人（組織）各自的權利義務，需要行政組織法做一般規定。在權利方面，如委託行政機關有權對

受委託組織的管理行為進行監督；如果受委託組織實施違法行為，或違反委託合同，委託行政機關有權單方面解除合同。對受委託方來說，則享有取得履行職責所應有的權力和條件，取得履行職責的報酬，請求委託行政機關排除履行職責中的障礙等。在義務方面，委託行政機關必須依法實施委託，提供行使職權所需的條件，給付應有的報酬等。而受委託的組織則必須在委託的範圍內行使職權等。

6.行政委託的條件

行政委託需要滿足哪些條件，大陸法律對此沒有全面而完整的規定，而是分散規定在單行的法律規定中，其中比較引人注目的是《中華人民共和國行政處罰法》的規定，依據《中華人民共和國行政處罰法》第18條第1項規定：「行政機關依照法律、法規或者規章的規定，可以在其法定權限內委託符合本法第十九條規定條件的組織實施行政處罰。」，第19條規定：「受委託組織必須符合以下條件：（1）依法成立的管理公共事務的事業組織；（2）具有熟悉有關法律、法規、規章與業務的工作人員；（3）對違法行為需要進行技術檢查或者技術鑑定的，應當有條件組織進行相應的技術檢查或者技術鑑定。」，綜合行政處罰法的規定，可歸納出行政委託應具備以下條件：

第一、必須為法律、法規所規定。那些行政事務可以委託行政機關以外的組織管理，只有人民才能自己決定。代表人民行使

權力的機關是國家權力機關，並通過立法的形式決定。考慮到中國大陸目前的立法缺口比較大，在只有行政法規、地方性法規的情況下，法規也可就某方面管理中的委託問題做出規定。至於規章，不宜由其決定行政委託事項。當然，規章以下的其他規範性文件更不得規定行政委託事項。

第二、委託管理確有必要。雖然行政委託要有法律法規的規定，但法律法規的規定並不必然引起行政委託，是否委託取決於行政機關的決定。如果行政委託的管理成本低，更有效率，則應採用行政委託；如果管理成本高，沒有成效，則不宜委託管理。

第三、受委託組織具備行使行政權力的必備條件。受委託組織是依法成立的管理公共事務的事業組織，具有熟悉有關法律、法規、規章和業務的工作人員，對違法行為須要進行技術檢查或者技術鑑定的，應當有條件組織進行相關的技術檢查或者技術鑑定。如果受委託的組織不具備相應的完成行政任務的條件，則不能委託，因為在此情況下不能保證管理的質量。

7.行政委託的法律效果

行政委託是受委託組織以委託行政機關的名義實施管理，其行為的法律後果歸屬於委託的行政機關。按《中華人民共和國行政處罰法》第 18 條第 2、3 項規定：「**委託行政機關對受委託的組織實施行政處罰的行為應當負責監督，並對該行為的後果承擔法律責任。**」、「**受委託組織在委託範圍內，以委託行政機關名**

義實施行政處罰；不得再委託其他任何組織或者個人實施行政處罰。」。又依《中華人民共和國行政訴訟法》第 25 條第 4 項後段規定：「**由行政機關委託的組織所作的具體行政行為，委託的行政機關是被告。**」，《中華人民共和國國家賠償法》第 7 條第 4 項規定：「**受行政機關委託的組織或者個人在行使受委託的行政權力時侵犯公民、法人和其他組織的合法權益造成損害的，委託的行政機關是賠償義務機關。**」，現行法已將行政委託的法律責任清楚規定。

如果受委託組織超越代理權限，其實施的行為由受委託組織負責還是由委託的行政機關負責，沒有法律規定。按照《民法通則》第 66 條的規定，超越代理權或者代理權中止後的行為，只有經過被代理人的追認，被代理人才承擔相應的民事責任。因此有學者認為在法律對行政委託相關問題沒有做出明確規定前，可適用民法通則的規定，但必須就委託的權限範圍通過有效的方式告知相對人。

在實踐中，行政機關外的組織不願接受行政機關委託的應當如何處理，法律同樣沒有規定。有學者認為可確立一個規則：如果委託是普遍的、無例外的，如單位發工資時代徵個人所得稅，則受委託一方不得拒絕，否則要承擔不利法律後果；如果委託是個別的，可選擇的，則受委託人有權在其不具備管理條件時拒絕委託，但需書面說明理由[15]。

---

[15] 參閱應松年、薛剛凌著《行政組織法研究》，行政委託，P. 99～P. 102，法

8.行政委託與行政授權的區別

行政委託與行政授權有諸多相似之處，但兩者在行政法上的概念卻截然不同，略加說明如下：

（1）取得權力的形式不同

行政權的授予是通過立法的形式，被授權的一方可能是普遍性的對象，如《治安管理處罰條例》對公安派出所的授權，被授權的一方也可能是特定的物件，如《證券法》對中國證監會的授權。行政委託的方式則是通過行政機關實施委託行為，與受委託方以簽定合同的形式進行，因而接受委託的一方總是特定的。

（2）行政機關主觀意志的參與程度不同

授權一般具有強制性，如果該項權力原本由行政機關行使，則被授予行政權所涉及的行政機關必須服從[16]。而是否將某項行政權委託給他人，多數情況下行政機關可以選擇。

（3）權力的佔有形式不同

某一領域行政權的全部或部分，一旦被授予某一組織後，在該項行政權所涉及的行政管理區域，行政機關就不再享有同樣種類或大小的行政權，意即某一行政職能的部分或全部，已經從行

律出版社，2002 年 10 月版。

[16] 也有少數立法規定「可以」授予，如《治安管理處罰條例》第 33 條第 2 款規定：「警告、50 元以下罰款，可以由公安派出所裁決。」，非強制性，派出所的上級組織有裁量權決定是否委託由派出所裁決。

政機關中分離出去，該行政權為被授權組織獨佔，從這意義上說，授權的過程是對行政職能的調整過程。而行政委託，行政機關並不因為將某一行政權委託給他人行使後就喪失該項行政權，換言之，委託並不導致行政職能從行政機關中分離出去，受委託組織行使的是委託機關的職權。

（4）法律地位不同

行政授權被授權的組織具有行政主體資格，其所獲得的行政權是獨立的，因而其可以用自己的名義作出行政行為，法律後果由自己承擔。而行政委託，被委託的組織不具有行政主體資格，其所行使的行政權是委託機關的，因而其必須以委託機關的名義實施行政行為，法律後果由委託機關承擔。

3.3 經濟開發區招商單位的法律地位研究

前述民法上的法人及行政法上行政主體概念分別論述後，再來對照各招商單位的法律地位就比較容易理解。目前在大陸各省縣地區經濟開發區的招商單位，最常見的組織形態有三種：開發區管理委員會形態、一般的有限公司企業形態及地方政府招商局（部），分別探討如下：

3.3.1 開發區管理委員會

「開發區管理委員會」是大陸各地經濟開發區最常見的招商負責單位，幾個著名的開發區管理委員會例如：北京經濟技術開發區管理委員會、國家級南京經濟技術開發區管理委員會、南京江寧經濟技術開發區管委會、廣州經濟技術開發區管理委員會、廣州高新技術產業開發區管理委員會、上海寶山城市工業園區管理委員會、無錫市人民政府新區管理委員會、蘇州胥口胥江（香山）工業園管理委員會、常昆工業園區管理委員會、江蘇省常熟東南經濟開發區管委會、嘉興經濟開發區管理委員會、嘉興高新技術產業園區管委會、嘉善經濟開發區管理委員會、大連經濟技術開發區管理委員會等。這些開發區管委會是實際上負責招商引資工作，並且代表與投資人簽署投資合同的執行單位。但開發區管委會在法律上的定位究竟如何？投資人有加以瞭解的必要。以下僅以幾個眾多台商前往投資的著名開發區管委會為例[17]，加以說明：

---

[17] 依台灣經濟部投資審議委員會（投審會）統計處於 2004 年 12 月的最新統計資料顯示，93 年 1-12 月核准對中國大陸投資案件，若以投資地區分，主要集中於**江蘇省**（52.76％）、**廣東省**（20.22％）、**浙江省**（9.93％）等地，合計約占本期核准對中國大陸投資總額的 82.91％，此顯示中國大陸長江及珠江三角洲地區仍為台商選擇投資之主流分佈區域。台灣經濟部投審會《93 年 12 月核准僑外投資、對外投資、對大陸投資統計新聞稿》，2004 年 1 月 20 日發佈。

1.蘇州市經濟開發區管理委員會

依據江蘇省人大常委會於 1996 年 6 月 14 日頒佈的《蘇州市經濟開發區管理條例》第 6 條規定：「開發區管理委員會（以下簡稱管委會），是當地人民政府在開發區的派出機構，對開發區實行統一行政管理，行使當地人民政府依照職權授予的經濟管理權力。」，清楚說明了開發區管委會是當地人民政府在開發區的派出機構。又依該條例第 7 條規定：「管委會履行下列職責：……(五)按照國家產業政策和規定的許可權，制定投資辦法，審批或者審核開發區的各類投資項目。……」，第 15 條規定：「開發區應當設立國有開發經營機構，負責開發區的開發經營。開發經營機構實行獨立核算，自負盈虧。開發經營機構下面可以根據需要設立由國家控股的專業經營機構。」，及第 16 條規定：「開發經營機構承擔下列任務：……(三)從事開發區的土地開發和土地使用權轉讓，參與房地產經營。(四)參與開發、投資或者通過合資、合作等形式引進資金、興辦企業。……」。

於本文第三章第二節談到行政主體的範圍時，其中談到「行政授權」，謂有因行政授權而取得行政主體資格的組織，其中包括了「職能部門的派出機構」，它是由政府的職能部門根據行政管理的需要，在一定區域內設置的管理某項行政事務的機構，從機構的性質上講，其本身並無行政主體資格，但是在法律、法規對其有授權的時候，就可以成為行政主體。由以上條文規定可見，江蘇省人大常委會透過《蘇州市經濟開發區管理條例》的立法，已

明文授權「開發區管理委員會」於開發區內所享有之權力與應承擔之任務。因此，開發區管理委員會於本條例授權之目的範圍內具有行政主體的資格，能夠以自己的名義獨立對外行使職權，包括招商引資各項業務及與投資人簽署投資合同，並承擔相應的責任。

又依該條例第 2 條規定：「**本條例適用於蘇州市行政區域內經江蘇省人民政府批准的經濟開發區（以下簡稱開發區）。開發區的設立應當由縣級市、郊區人民政府（以下簡稱當地人民政府）報蘇州市人民政府審核同意後，轉報省人民政府批准。在蘇州城市規劃區範圍內開發區的設立由市人民政府報省人民政府批准。**」，亦即本條例規定的適用範圍是蘇州市行政區域內所有經批准的經濟開發區，而不是只針對某單獨特定的開發區。因此，只要是在蘇州市行政區域內所管轄的各個經批准的經濟開發區，例如蘇州市吳中區「吳中經濟開發區」，甚至吳中區下轄的胥口鎮的經濟開發區，都適用本條例之規定。

2.蘇州國家高新技術產業開發區管理委員會：

依據江蘇省人大常委會於 1994 年 9 月 3 日頒佈的《蘇州國家高新技術產業開發區條例》第 6 條規定：「蘇州國家高新技術產業開發區管理委員會（以下簡稱開發區管委會），是蘇州市人民政府的派出機構，代表市人民政府領導與管理開發區範圍內的經濟、科技和社會事業，協調各部門和各單位在開發區的工作。」，清楚

說明了「蘇州國家高新技術產業開發區管委會」是當地人民政府在開發區的派出機構，同前述「蘇州市經濟開發區管理委員會」，是屬於行政職能部門的派出機構，是「行政授權」的一種組織態樣。

該條例第 7 條規定：「開發區管委會受市人民政府的委託，行使以下經濟和行政管理許可權：(一)依法制定和實施開發區行政管理的具體規定和投資辦法；……(三)按照規定的許可權審批投資者在開發區的投資項目；(四)管理開發區內的房地產開發；……。」，若從本條例內容研析，「蘇州國家高新技術產業開發區管委會」所行使行政職權的內容幾乎是與前述「蘇州市經濟開發區管理委員會」一樣的。但是該條例第 7 條又言管委會是受市人民政府的「委託」，卻又明言是「行政委託」的概念，若是屬於行政委託，則受委託組織的權力源自行政機關的委託，委託關係中所獲得的權力是不能獨立行使的，它必須以委託的行政機關的名義實施行政管理活動，其行為的效果亦歸屬於委託的行政機關。因《蘇州國家高新技術產業開發區條例》是 1994 年 9 月頒佈的條例，前述《蘇州市經濟開發區管理條例》是 1996 年 6 月頒佈在後，是否因《蘇州國家高新技術產業開發區條例》於早期立法起草時也疏忽了「授權」與「委託」在行政法概念上的差異，而以民法的概念將「委託」與「授權」混用，而將「委託」二字誤植於該條例第 7 條內，不但是畫蛇添足，而且可能有弄巧成拙適得其反之虞，因為若從「行政委託」的法律效力來看，則若有直

接以「蘇州國家高新技術產業開發區管委會」名義與投資人簽署任何投資合同者，該投資合同的法律效力就頗有爭議性了。如本文第三章第二節探討「行政委託」的概念時說明，受委託的一方應以委託方的名義實施行政管理活動，行為的後果由委託方承擔，受委託組織不具有行政法上的獨立的主體資格和法律地位，它們不是行政主體。因此，若以不具行政主體資格的管委會名義直接與投資人簽署投資合同時，該合同的效力究應屬無效？視同已獲委託方授權而有效？或是尚處於效力未定的狀態中？這恐怕必須從個案的其他主客觀條件因素綜合研判才能下定論了。

3.江蘇省經濟技術開發區管理條例（第三次修正）

特別在此以《江蘇省經濟技術開發區管理條例（第三次修正）》為主題作介紹，而不是以某特定開發區管委會作介紹，主要是因為本條例乃江蘇省人大常委會針對整個江蘇省境內經國務院批准設立的經濟技術開發區所作的統一規定，源於 1986 年 12 月 20 日就頒佈實施，但甫完成第三次修訂於 2004 年 7 月 1 日開始施行，該條例更具有全省一體適用的代表性與優越性，對省屬下轄各地方政府內的開發區相關規定也具有指導性與補充性，故特別提出加以說明。

依本條例第一章總則第 2 條規定:「本條例適用於本省境內經國務院批准設立的經濟技術開發（以下簡稱開發區）。」，又依第二章行政管理第 8 條規定:「開發區管理委員會（以下簡稱開發區

管委會）是開發區所在市人民政府的派出機構，對開發區實行統一領導和管理。」，第9條規定：「開發區管委會行使下列職權：……(二)按規定負責審批或者審核開發區內的投資建設項目；(三)負責開發區內的基礎公用設施的建設和管理，管理開發區內的土地和房地產業；……(七)對市屬各有關部門設在開發區內的分支機構的工作，進行監督和協調；……(十)所在市人民政府授予的其他職權。」，由以上條文規定可以清楚知道開發區管委會是屬於市人民政府的「派出機構」，是市人民政府職能部門的派出機構，也就是本文前述因法律、法規對其「行政授權」而取得行政主體資格，能夠以自己的名義獨立對外行使依條例規定授權行使的職權，並獨立承擔相應的責任。而這樣行政授權的原則規定，是適用於整個江蘇省境內經國務院批准設立的經濟技術開發區。

筆者認為《江蘇省經濟技術開發區管理條例》有二條比較特殊之條文規定，值得投資人注意的，特別在此提出來說明：

(1) 本條例於第四章設「優惠條件」獨立專章，規定了若干優惠條件，包括：企業所得稅減按15%稅率徵收，自開始獲利年度起享「二免三減」（前二年免徵，後三年減半徵收）優惠及免徵地方所得稅（第17條）；企業分得利潤在中國境內再投資者，可申請全部退還其再投資部分已繳納的企業所得稅（第18條）；出口產品免徵關稅、增值稅、消費稅（第21條）；更特別規定說「開發區內的外商投資企業同時享有國家和我省

有關法律、法規規定的各項優惠待遇。」（第25條）、
「開發區內的國內投資企業，根據國家、省、市有關
規定享受優惠待遇。」（第26條）。本章「優惠條件」
專章規定之目的，主要即在於給予各項優惠條件一個
法律依據，落實「依法行政」及「稅收法定」的原則，
使管委會給予投資人優惠條件之承諾師出有名，同時
也避免開發區管委會在面對國內外投資人要求更多優
惠條件談判時的困擾。

而如此優惠條件的規定是適用於江蘇省境內所轄各個
開發區的，依此條例，《蘇州國家高新技術產業開發區
條例》第23條也有類似的規定：「開發區內的各類企
業，可以按規定享受國家的有關優惠政策和開發區的
有關優惠待遇。」。江蘇省境內其他經濟開發區的管理
條例中縱使沒有將「優惠條件」相應內容明文納入，
但仍然可以直接適用《**江蘇省經濟技術開發區管理條
例**》第四章「優惠條件」的規定[18]。

---

[18] 第四章優惠待遇：第十七條開發區內外商投資的生產性企業，減免百分之十五的稅率徵收企業所得稅。其中經營期在十年以上的，經企業申請，有權機關批准，從開始獲利的年度起，第一年和第二年免徵所得稅，第三年至第五年減半徵收所得稅。按上款規定減免企業所得稅期滿後，產品出口企業凡當年出口產品產值達到該企業當年產品產值百分之七十以上的，減按百分之十的稅率繳納所得稅；先進技術企業可以延長三年減半繳納企業所得稅。開發區內的生產性外商投資企業，免徵地方所得稅。第十八條外商將其從開發區內企業分得的利潤，在中國境內再投資興辦、擴建產品出口企業或者先進技術企業，經營期不少於五年的，經申請所在市稅務機關核准，全部退還其再投資部分已繳納的企業所得稅稅款。

與《蘇州國家高新技術產業開發區條例》相同的,《大連經濟技術開發區條例》第四章也是以「優惠待遇」獨立專章詳細規定了許多鼓勵投資的優惠條件。

(2) 依本條例第 11 條規定:「開發區內工商行政管理、外匯管理、銀行、海關、商檢、檢疫、稅務、文教、土地、公安、保險等工作,由所在市的有關部門或者由其設在開發區的辦事機構辦理。」,本條文意指開發區管委會雖因法律授權而取得行政主體資格,可以獨立

如該項投資在不足五年內撤出的,應當繳回已退的稅款;用於其他再投資的,按《中華人民共和國外商投資企業和外國企業所得稅法》的有關條款執行。第十九條外商在中國境內沒有設立機構而有來源於開發區的股息、利息、租金、特許權使用費和其他所得,除依法免徵所得稅的以外,均減按百分之十的稅率徵收所得稅。其中以優惠條件提供資金、設備或者轉讓先進技術的,經有權機關批准,可以給予進一步減免所得稅的優惠。第二十條開發區內的外商投資企業發生年度虧損,可以從下一年度的所得中提取相應的數額加以彌補;下一年度的所得不足彌補的,可以逐年提取所得繼續彌補,但最長不得超過五年。第二十一條開發區內企業生產的出口產品,除國家限制出口和另有規定的產品外,免徵關稅,並按照國家有關規定,免徵增值稅、消費稅或者是退還增值稅和消費稅稅款。第二十二條開發區內的外商投資企業生產經營所需水、電、氣通訊設施,應當優先保證供應。水、電、氣費按當地國有企業同一收費標準計收。第二十三條開發區內的外商投資企業和生產需要的原材料,當地物資部門要優先安排供應,其價格與供應當地國有企業原材料的價格等同。第二十四條開發區內的外商投資企業按銀行規定可用現匯或者固定資產向銀行抵押,申請貸款。外商投資企業的流動資金和臨時周轉資金,各開戶銀行在貸款指針中優先貸放。外商投資企業因生產經營需要,可能向國外籌借資金,由企業自借自還。第二十五條開發區內的外商投資企業同時享有國家和我省有關法律、法規規定的各項優惠待遇。第二十六條開發區內的國內投資企業,根據國家、省、市有關規定享受優惠待遇。

對外行使職權，但實際上開發區內的工商行政管理、
外匯管理、銀行、海關、商檢、檢疫、稅務、文教、
土地、公安、保險等工作，還是必須由所在市的有關
部門或者由其設在開發區的辦事機構辦理，管委會僅
能依本條例第 8 條有關管委會職權的第（七）項規定，
對市屬各有關部門設在開發區內的分支機構的工作進
行監督和協調，特別是與稅務及土地相關的工作。

本條文規定對於投資人的意義在於，雖然開發區管委
會具有行政主體資格，可以與投資人進行投資談判及
簽署投資合同，但實際上投資過程及日後建廠完成開
始營運後的若干業務執行單位，還是開發區所在市的
有關部門或者由其設在開發區的辦事機構辦理。而更
深一層的涵義是，若干投資優惠條件的談判與承諾，
除了有法律或命令所明確賦予者外，有權做承諾者，
還是只有國家、市人民政府、或者是取得人民政府依
法授權的各個相應業務職能部門，開發區管委會仍然
必須嚴守「依法行政」及「稅收法定」的原則，而不
能越權擅自給予投資人無法律依據的優惠承諾。反言
之，管委會若因招商引資的行政績效壓力所迫而勉為
其難承諾投資人與法不符的優惠條件時，該違法承諾
也是無效的。

4.廣州市經濟技術開發區管理委員會

　　廣州市人民代表大會常務委員會於 1987 年 2 月 19 日頒佈實施《廣州市經濟技術開發區條例》，該條例第二條：「廣州經濟技術開發區（簡稱開發區）經國務院批准，在廣州市設立。開發區是在廣州市人民政府領導下實行國家優惠政策、進行經濟技術開發的區域。」，第三條：「開發區設立管理委員會（以下簡稱管委會），代表廣州市人民政府，行使市一級管理許可權，對開發區實行統一領導和管理，協調開發區內中央、省屬單位有關開發區的工作。」，與前述開發區條例對管委會地位的規定比較，廣州經濟技術開發區並不明言管理委員會是「當地人民政府的派出機構」，但是管委會職權角色卻是相同的，都是「代表」市人民政府行使職權。《廣州市經濟技術開發區條例》的如此規定頗耐人尋味，不知是疏忽漏載，或者是故意避而不談，因為如此的條文表述方式在解讀意義上是有所不同的，可以肯定的是廣州開發區管委會確實有市人民政府的代表權，可代表廣州市人民政府，行使市一級管理許可權；但卻不能從該條文中即認定廣州開發區管委會是廣州市人民政府的派出機構或是其行政部門、職能單位，這一點與前述《蘇州國家高新技術產業開發區條例》的明文規定是不同的。

　　但不論《廣州市經濟技術開發區條例》有關管委會的地位立法原意為何，都不影響廣州開發區管委會可以代表廣州市人民政府行使職權，直接與投資人洽談投資相關事宜，包括土地買賣[19]及

---

[19] 《廣州市經濟技術開發區條例》第二章行政管理第八條：「廣州市人民政

各項優惠條件[20]的協商承諾及簽訂投資合同等，只是有關於稅收減免方面的優惠條件是否有效，則必須再仔細檢視該條例其他條文的規定，是否有如同《蘇州國家高新技術產業開發區條例》及《大連經濟技術開發區條例》以「優惠待遇」獨立專章或類似條文直接規定稅收減免的優惠條件，或是授權管委會得進行這方面的談判與承諾，方能判定。

5.其他開發區管理委員會

除了上述兩個經濟開發區管理委員會以外，其他經濟開發區管理委員會的設立依據與《江蘇省經濟技術開發區管理條例》幾乎都是相同原則及精神下的規定，例如：依北京市人大常委會1995 年 4 月 14 日頒佈**《北京經濟技術開發區條例》**設立「北京經濟技術開發區」，並由市人民政府設立「北京經濟技術開發區管理委員會」，代表市人民政府對開發區的工作實行統一領導和管理。且於 1998 年 4 月 29 日頒佈**《北京市人民政府關於實施〈北京經濟技術開發區條例〉辦法》**，為加快北京經濟技術開發區的建

府授權開發區管委會行使以下職權：……（四）組織編制開發區建設總體規劃，審批詳細規劃；按市一級許可權審批開發區範圍內土地徵用，核發建設用地規劃許可證，並負責開發管理；辦理開發區國有土地和非農業建設的集體所有的土地使用權的出讓、轉讓、發證及其它管理事項；……」。第二十一條：「開發區內土地使用權出讓人是管委會，土地使用權受讓人、轉讓人以及轉讓的受讓人，可以是外國、港澳台地區、華僑以及國內的公司、企業、其他經濟組織或個人。國家法律法規另有規定的，從其規定。」。

[20] **《廣州市經濟技術開發區條例》**第六章專章規定**「優惠待遇」**共有 9 條，詳細內容請參閱本書**《附錄》**。

設和發展作了許多補充規定，例如規定由開發區房屋土地管理局
負責辦理開發區內國有土地使用權具體出讓手續，簽訂土地使用
權出讓合同及代發國有土地使用證等。

又如依遼寧省人大常委會 1987 年 7 月 25 日頒佈《**大連經濟
技術開發區條例**》設立「大連經濟技術開發區」，並由大連市人民
政府在開發區設立「大連經濟技術開發區管理委員會」，代表市人
民政府對開發區的工作實行統一領導和管理。

值得注意的是，有關開發區管理委員會的設立，《**北京經濟技
術開發區條例**》第 8 條規定「**市人民政府設立北京經濟技術開發
區管理委員會（以下簡稱開發區管委會），代表市人民政府對開發
區實行統一領導和管理。**」，《**大連經濟技術開發區條例**》8 條規
定「**大連市人民政府在開發區設立管理委員會（以下簡稱管委
會），代表市人民政府對開發區的工作實行統一領導和管理。**」，
依此二開發區條例的用字，其管委會產生是「由市人民政府設立」
的，與《**蘇州市經濟開發區管理條例**》及《**蘇州國家高新技術產
業開發區條例**》規定開發區管委會「是當地人民政府的派出機構」
有別。如前所述，政府職能部門的派出機構是屬於「行政授權」
的態樣之一，因法律規定授權而具有行政主體資格。而「由市人
民政府設立」的語意上看來，開發區管委會卻是行政機關直接設
立管轄的內部機構，而且是屬於為某特定經濟開發區招商引資目
的而臨時設置的機構。縱使如此，行政機關臨時設置的內部機構
仍然是屬於「行政授權」的態樣之一，重點即在於其設立及負責

的行政職務是否有法律的明文授權，若有合法授權，自然具有行政主體資格，便可以以自己名義獨立與投資人進行投資協議的談判，並進行投資合同與土地使用權出讓合同的簽署。反言之，若無合法授權，則其承諾的優惠條件之法律效力便頗有疑問了。

　　總結來說，投資人若是與開發區管委會交涉投資相關各項巨細靡遺的條件時，首要確認求證的重點，還是在於瞭解該管委會的組織設立及職權業務是否有明文的法律依據，先確認該管委會是具有合法的行政主體資格，再進一步洽談投資條件及合同簽署，才有法律效力保障。

3.3.2　公司企業形態

　　投資人在經濟開發區洽談投資事宜的對造主體，除了開發區管理委員會外，也常常見到以有限公司形態出現的單位組織。例如：南京新港高科技股份有限公司、南京江寧經濟技術開發總公司、上海寶山城市工業園區開發有限公司、無錫市新區經濟發展集團總公司、蘇州市胥口鎮集體資產經營公司、蘇州市胥口民營經濟區發展總公司、江蘇省吳中經濟技術發展總公司、蘇州相城經濟發展有限公司等，而這些公司的董事長、總經理、副總經理等公司重要職務主管，通常也都是各地方政府的領導，那麼這些公司形態的招商單位組織的法律地位究竟如何？是否有權力與投資人進行投資條件的談判？特別是提出土地使用權出讓及稅收減

免優惠的承諾？與這些公司簽署的投資合同是否具有法律效力
呢？本文中也同樣以幾個具代表性的開發區內設立的公司來加以
探討說明。

1.蘇州國家高新技術產業開發區─經濟發展集團總公司

依據江蘇省人大常委會於 1994 年 9 月 3 日頒佈的《**蘇州國家
高新技術產業開發區條例**》第 9 條規定：「開發區設立經濟發展集
團總公司，參與高新技術的開發與投資，為發展高新技術提供服
務。」，本條例明文直言規定開發區設立「經濟發展集團總公司」，
依本文第三章第二節有關民法上法人的分類說明，該經濟發展集
團總公司性質上是屬於「企業法人」，是與「中國長江三峽工程開
發總公司」一樣的特殊企業，公司本質上仍是屬於私法人性質，
只是因為有了國家法律《**蘇州國家高新技術產業開發區條例**》的
授權規定，自成立之日起，即具有法人資格。

惟就前述《**蘇州國家高新技術產業開發區條例**》第 9 條條文
內容來看，尚有未臻明確之處，探究如下：

(1) 就經濟發展集團總公司的設立形態，本條文規定僅言
「開發區設立經濟發展集團總公司」，但並未明確規範
應該設立什麼樣形態的公司？獨資公司、合資企業、
合作企業、有限公司、股份有限公司、甚至是有外資
合資或合作的企業？是立法者故意的省略，以使本條
文授權設立的公司形態有更多元的選擇？或者是立法

時的疏忽？因為公司形態及股東結構將會影響該經濟
發展集團總公司是否屬於地方政府的「事業單位法人」
性質。比方說，假設「經濟發展集團總公司」是一個
外資持股超過 51%的中外合資企業，那麼很顯然的，
該公司屬於地方政府的事業單位法人的成份將淡化許
多，充其量只是地方政府一個沒有主導權的轉投資事
業。因此，經濟發展集團總公司的設立形態，應該在
該條例中有更具體而明確的規範為宜。

(2) 就經濟發展集團總公司的設立目的而言，綜觀該條例
全部條文並無其他條文來補充規定經濟發展集團總公
司的具體權限內容，若單從本條文「開發區設立經濟
發展集團總公司，參與高新技術的開發與投資，為發
展高新技術提供服務。」做文義解釋，似僅是針對「高
新技術」的開發、投資與服務而設，並看不出其有得
到地方政府授權從事開發區招商引資相關業務的具體
職權，特別是授權各項優惠條件的協商承諾，以及與
投資人簽署投資合同等權力。這雖不會直接影響到該
經濟發展集團總公司是地方政府的「事業單位法人」
的性質，但卻會明顯而直接地影響到該「事業單位法
人」的業務內容範圍。因為，僅以本條文「參與高新
技術的開發與投資，為發展高新技術提供服務」的規
定來看，是否可解讀為包括承諾投資人各項稅賦減免

優惠條件及與投資人簽署投資合同及土地出讓合同的
行為在內？不免讓投資人合理懷疑其是否有得到充分
的授權？因此，經濟發展集團總公司的設立目的範
圍，也應該在該條例中盡可能有更具體而明確的規範
為宜。

(3) 更值得注意的是，在蘇州國家高新技術產業開發區內
可以同時設立「開發區管理委員會」及「經濟發展集
團總公司」兩個單位，這是在其他開發區管理條例中
非常少見的立法，這二者關係及職權又如何劃分呢？
依同條例第6條規定：「蘇州國家高新技術產業開發區
管理委員會（以下簡稱開發區管委會），是蘇州市人民
政府的派出機構，代表市人民政府領導與管理開發區
範圍內的經濟、科技和社會事業，協調各部門和各單
位在開發區的工作。」，第7條規定：「開發區管委會
受市人民政府的委託，行使以下經濟和行政管理許可
權：(一)依法制定和實施開發區行政管理的具體規定
和投資辦法；……(三)按照規定的許可權審批投資者
在開發區的投資項目；(四)管理開發區內的房地產開
發；……(六)依法管理、指導和監督開發區的企業事
業單位；……(八)領導開發區內市人民政府所屬各行
政管理部門相應的機構；(九)行使市人民政府授與的
其他職權。」，第8條規定：「開發區管委會按照精簡

高效的原則，設立若干職能機構。」。按上述條文內容
來看，《蘇州國家高新技術產業開發區條例》針對「開
發區管理委員會」的設立及行使職權範圍的規定甚
詳，較之「經濟發展集團總公司」只有簡短一條規定，
似乎「開發區管理委員會」才是真正被授權對外負責
招商引資的權責單位。

且第 9 條規定：「開發區設立經濟發展集團總公
司，……。」，其言經濟發展集團總公司是由「開發區」
設立，卻非接續在第 8 條之後而謂由「開發區管委會」
設立，就立法體例及邏輯解釋言，「經濟發展集團總公
司」與「開發區管理委員會」似是同在開發區內的平
行組織，而非依第 8 條由管委會設立的職能機構。因
此，若是有台商擬至蘇州國家高新技術產業開發區投
資，卻是由其「經濟發展集團總公司」出面洽談投資
優惠條件並進而簽署投資合同者，那麼這樣的投資合
同的法律效力不得不讓人嚴重質疑了！

2.蘇州市經濟開發區—國有開發經營機構

依據江蘇省人大常委會於 1996 年 6 月 14 日頒佈的《**蘇州市
經濟開發區管理條例**》第 15 條規定：「開發區應當設立國有開發
經營機構，負責開發區的開發經營。開發經營機構實行獨立核算，
自負盈虧。開發經營機構下面可以根據需要設立由國家控股的專

業經營機構。」，第 16 條規定：「開發經營機構承擔下列任務：……
(三)從事開發區的土地開發和土地使用權轉讓，參與房地產經
營。(四)參與開發、投資或者通過合資、合作等形式引進資金、
興辦企業。……」。本管理條例條文與前述《蘇州國家高新技術產
業開發區條例》第 9 條規定相比，明顯地高明且明確許多，因為
首先已明言是「『國有』開發經營機構」，先確立其屬於地方政府
的事業單位的性質，同時也將該事業單位設立目的，以及於開發
區從事招商引資的方式等具體業務職權範圍清楚規定。

但所謂的「開發經營機構」，其法人性質依然不夠明確，甚至
較之前述《蘇州國家高新技術產業開發區條例》第 9 條「開發區
設立經濟發展集團總公司」的規定更加放寬標準，也就是說不限
於「公司」形態，只要是「開發經營機構」都可以。但如前所述，
因為公司形態及股東結構將會影響該經濟發展集團總公司是否屬
於地方政府的「事業單位法人」性質，因此，所謂開發區設立的
「國有開發經營機構」也應該盡可能更加明確化為宜。

3.法人性質不明確的單位─辦事機構、職能機構

除了前述開發區條例明白規定的「經濟發展集團總公司」及
「國有開發經營機構」外，有些開發區管理條例規定則是用設立
「辦事機構」或「職能機構」，來負責開發區內的行政管理事務，
為投資者提供服務，例如依江蘇省人大常委會 1986 年 12 月 20
日（2004 年 7 月 1 日第三次修訂施行）頒佈實施《江蘇省經濟技

術開發區管理條例》第 10 條：「根據工作需要，經所在市人民政
府批准，開發區管委會設立辦事機構，負責開發區內的行政管理
事務。」、依北京市人大常委會 1995 年 4 月 14 日頒佈《**北京經濟
技術開發區條例**》第 10 條：「開發區管委會可以設立必要的職能
機構，對開發區的事務實行管理，為投資者提供服務。」、依遼寧
省人大常委會 1987 年 7 月 25 日頒佈《**大連經濟技術開發區條例**》
第 10 條：「經大連市人民政府批准，開發區管委會可設立必要的
職能機構，對開發區的工作實行高效能的管理，為投資者提供優
良的服務。大連市人民政府有關部門應加強對開發區管委會各職
能機構的業務指導，支援和配合開發區管委會的工作。」，這「辦
事機構」及「職能機構」的法人性質又是如何？就字義上解讀，「辦
事機構」及「職能機構」具有較濃厚的行政色彩，性質上偏向是
行政機關的內部機構，或是行政職能部門於開發區的派出機構，
這又回到行政法上法人主體的討論範疇，而不是本段討論公司形
態的招商單位法人地位的範圍。此外，就這些機構的設立目的來
看，負責開發區內的行政管理事務及為投資者提供服務，都過於
含糊籠統，看不出與投資人進行開發區投資談判及簽署投資合同
是否有直接的授權關係。

　　因此，這樣的開發區管理條例的立法規定，對投資人而言，
已經不能單從法律條例的用字來判斷該「機構」的法人屬性，及
是否具有獨立法人格與充分權限可以與投資人進行投資條件的承
諾及合同簽署，而必須更進一步去實地瞭解這些機構的成立依據

及權限範圍，究竟是依據一般公司法設立的公司，或者是行政機關依法律規定或依職權設立的分支機構，才能加以判斷。

3.3.3 地方政府招商局（部）

根據大陸《憲法》、《國務院組織法》及《地方各級人民代表大會和地方各級人民政府組織法》的規定，地方政府招商局（或招商部）可以說是代表政府執行招商業務的首要負責機關，可以說大陸各地經濟開發區的招商業務就是由地方政府招商局（部）負責監督、管理及實際參與。然而，在談好各項投資條件後要正式簽署投資合同時，地方政府招商局（部）往往不願出面簽約，大多是由「開發區管委會」或開發區的「經濟發展集團總公司」之類的公司出面代表簽約。或有人認為是因招商局（部）只是地方政府行政主體下負責執行招商業務的行政機構，原則上是不具有行政主體資格的，除非是有法律條例特別的授權規定。但是事實上，招商局（部）依《國務院組織法》及《地方各級人民代表大會和地方各級人民政府組織法》的規定設置時，即已取得行政授權，可以直接以自己名義與投資人簽署投資合同。實務操作上招商局（部）等地方政府機構不直接與投資人簽署合同的理由，其實只是為了不讓地方政府直接承擔第一線的履行合同義務的責任壓力。因此，投資人如果可以直接與地方政府或招商局（部）或經地方政府立法授權之經濟開發區管理委員會等政府執行機構

簽署投資合同，甚至是直接與地方政府以地方政府名義簽署投資
合同，這當然是名實相符最有保障的。

Chapter **4**

台商大陸投資之綜合評論

於說明台商投資大陸的公司設立形態及優惠條件適法性的主客觀若干問題之後，相信台商要到大陸投資已可以掌握住一些應注意的基本原則。然而當投資條件一切談妥，投資合同順利簽署完成之後，才是在大陸投資運作的開始，數十年的長期投資期間，會有什麼樣的主客觀情事變更，來影響投資優惠條件的效力變化，其實很難預料，但最起碼現在就可以合理預見的變因就有大陸加入「世界貿易組織」（「WTO」）[1]之後對優惠條件可能造成的影響，以及大陸實施「宏觀調控」[2]後對外資投資管理政策

---

[1] 「世界貿易組織」簡稱「世貿組織」，英文為 World Trade Organization，縮寫為「WTO」。「世貿組織」既是一個國際組織，也是一個國際貿易條約的集合體，同時它又是締約各方進行多邊貿易談判的場所，可謂是三位一體。「世貿組織」的前身是成立於 1947 年的世界關稅與貿易總協定（General Agreements on Tariff and Trade, "GATT"）。1994 年 4 月 15 日，原關稅與貿易總協定的締約方在馬拉喀什訂立了《建立世界貿易組織協定》。1995 年 1 月 1 日，世界貿易組織（WTO）正式成立。它是獨立於聯合國之外的一個永久性國際組織，至 2003 年 9 月，成員國已有 148 個，總部設在瑞士日內瓦，現任總幹事為新西蘭前總理莫爾。「世貿組織」作為一個國際組織，在法律上與聯合國等國際組織處於平等地位。它的職責範圍除了關貿總協定原有的組織實施多邊貿易協定以及提供多邊貿易談判場所和作為一個論壇之外，還負責定期審議其成員的貿易政策和統一處理成員之間產生的貿易爭端，並負責加強同國際貨幣基金組織和世界銀行的合作，以實現全球經濟決策的一致性。參閱薛榮久主編《世界貿易組織（WTO）教程》P. 1，對外經濟貿易大學出版社 2003 年 11 月版；及鄭章軍律師網《http://www.law200.com》世界貿易組織介紹。

[2] 宏觀調控實際就是指宏觀經濟政策。國家的宏觀調控是指國家運用各種手段對國民經濟進行的控制和調節，大陸目前正在進行第五次的宏觀調控。2005 年，宏觀調控經濟工作的一個重點，就是著力推進經濟體制改革，建立健全全面協調可持續發展的制度保障，理順和規範經濟關係，完善經濟法律制度，從體制、機制上來保證經濟平穩較快地運行。來源：上海證券報《www.XINHUANET.》

的變革。於本章中就以大陸加入 WTO 之後，假設對優惠條件作了修訂變更為例，來探討對投資人權益的影響，讓台商投資人事先有心理準備，同時也藉此讓台商於決定投資大陸之始，即有正確的投資心態與認知。

4.1　WTO 對優惠條件的影響

4.1.1　概述

中國於 2002 年初加入了 WTO，中國「入世」之後除了對經濟體制產生影響外，對於中國法律制度的影響也是巨大而深遠的。WTO 要求每一個成員保證其法律、規則和行政程序與 WTO 協定及所附各項協定中的義務相一致，而中國目前國內的相關立法在不少領域都與其存在差距甚至衝突，如外貿法[3]、金融法、知識產權法、行政法等領域的積極衝突，而政府採購、反傾銷、反補貼、反壟斷、技術標準等方面的法律空白。前者與中國加入 WTO 後所承擔的國際義務不符，並且很可能使其他 WTO 成員國與中國爭端紛起；而後者則在某些方面缺乏法律制度框架，不利於中國經濟健康發展和權益的保護[4]。因此，在這些領域，修改與

---

[3]　如對進口商品的數量限制、外資立法中的非國民待遇、行政規章的不透明等，參閱曹建明、賀小勇著《加入 WTO 與我國對外經貿立法》，《中國法學》2000 年第 1 期。

[4]　蕭凱著《WTO 的制定性影響及其法律分析》，《法學評論》2000 年第 4 期。

WTO 規則相衝突的國內立法，儘快制定 WTO 所要求的相關法律
已是中國大陸刻不容緩[5]的要務。可預見的，目前大陸提供給台商
及其他投資人的優惠政策，也勢必會有所改變。

4.1.2 中國加入 WTO 對涉外稅收優惠制度的影響

值得台商及其它外資投資人特別注意觀察的是，過去被視為
「超國民待遇」的各項涉外稅收優惠法律制度，在 WTO 要求「國
民待遇」原則下可能造成的影響。然而，WTO 國民待遇原則對
大陸的涉外稅收優惠制度是否會直接發生衝擊影響，在學界引發
兩種不同的看法：

否定說：有學者認為 WTO 國民待遇原則對大陸的涉外稅收
優惠制度不會直接發生衝擊影響[6]，其理由是：

1. 探尋國民待遇原則在國際貿易和國際投資中的發展軌跡，
   並狹義地將其理解為在特定的領域內，外國人的法律地位
   不低於本國人，那麼可以肯定的是，大陸目前對外資企業
   所提供的高於內資企業的稅收優惠待遇，並不違反原始意
   義上的國民待遇原則。因為國民待遇原則只是站在外國人
   的立場上，要求本國政府對其提供的法律保護不得低於本

5　參劉劍文著《專題十.WTO 與稅法》，《稅法專題研究》P.274，北京大學出
　　版社 2002 年 9 月版。

6　參劉劍文著《專題十.WTO 與稅法》，《稅法專題研究》P.275，北京大學出
　　版社 2002 年 9 月版。

國人，並沒有要求不得高於本國人，除非這種「超國民待遇」導致了國際惡性競爭，扭曲了國際貿易的規則。當然，如果站在本國人的立場，認為過於普遍的「超國民待遇」引發了內外資企業的不公平競爭，並由此呼籲改革目前的涉外稅收優惠政策，也是無可厚非的，只是這種改革與WTO 關於國民待遇的要求並無多大直接關連。

2. 中國加入 WTO《議定書》[7]第 2 條 B 節規範「**特殊經濟區**」，但沒有明確界定「特殊經濟區」的定義及其涵括範圍，但依據《議定書》第 2 條 A 節 1 款指的「特殊經濟區」及《工作組報告書》[8]第 219 段中國代表的說明，可以明確地將「特

7　《中華人民共和國加入 WTO 議定書》簡稱《議定書》，《議定書》的序言寫道：「世界貿易組織（「WTO」），按照 WTO 部長級會議根據《馬拉喀什建立世界貿易組織協定》（「《WTO 協定》」）第 12 條所作出的批准，與中華人民共和國（「中國」），憶及中國是《1947 年關稅與貿易總協定》的創始締約方，注意到中國是《烏拉圭回合多邊貿易談判結果最後檔》的簽署方，注意到載於 WT／ACC／CHN／49 號檔的《中國加入工作組報告書》（「工作組報告書」），考慮到關於中國 WTO 成員資格的談判結果，協議如下：……」，於是開展了議定書各項內容的規定。參《中國證券報》2001-12-27，網站 http://www.cs.com.cn/csnews/20011227/173823.asp。

8　世界貿易組織中國加入工作組《中國加入工作組報告書》簡稱《工作組報告書》，在 1987 年 3 月 4 日的會議上，理事會設立了工作組，以審議中華人民共和國（「中國」）政府關於恢復其 GATT 締約方地位的請求（檔號 L／6017，1986 年 7 月 10 日遞交），並向理事會提交建議，其中可包括關於中國地位的議定書（草案）。在 1995 年 12 月 7 日的信函中，中國政府申請根據《馬拉喀什建立世界貿易組織協定》（《WTO 協定》）第 12 條加入該協議，按照中國的申請並根據總理事會 1995 年 1 月 31 日的決定，原中國 GATT1947 締約方地位工作組自 1995 年 12 月 7 日起轉為中國加入 WTO 工作組。工作組的職權範圍和成員組成載入 WT／ACC／CHN／2／Rev.11 和 Corr.1 號文件。

殊經濟區」定義為「中國領域內在關稅、國內稅和法規方面已建立特殊制度的地區」,包含我國最早設立的 5 個經濟特區,14 個沿海開放城市,21 個省會城市,13 個內陸邊境城市,及一切國家的地方的經濟技術開發區與高新技術開發區。有學者認為這些「特區」不僅可以「依然存在」,而且還可以「隨時增加或變更」,只要在增加或變更後 60 天內迅速通知 WTO 即可。中國入世後,仍可在這些特區「實施特殊經濟政策」。

3. 斟酌《議定書》內的用語,中國入世後,特區「實施特殊經濟政策的時間」將是一個「更長的時期內」、「例如十年以後」,似乎意味著特殊經濟區的特殊政策(主要指優惠部份)仍可以保留十年無疑。

肯定說:也有學者認為 WTO 國民待遇原則對大陸的涉外稅收優惠制度勢必會直接發生衝擊影響[9],總合其理由是:

1. 關於第一點《議定書》第 2 條 B 節 1 款確實承認特殊經濟區的存在(這是中國入世前的歷史,由不得 WTO 承認或不承認),也確實承認中國可對特殊經濟區作增加或改變(這是中國的主權,WTO 無權干涉)。但是該款訂立的目的,主要在於要求中國必須在有增加或改變特殊經濟區時,保證在特定時間內將與此有關的名稱、地域和法律、

---

[9] 穆之、喬生著《特殊經濟區的優惠政策還能走多遠?》,《行政與法治》P. 15,2002 年 8 月第 8 期。

法規及其它措施通知 WTO，以便 WTO 隨時掌握中國「特區」的狀況及特殊規定，準確把握其是否有違 WTO 規則。我們並不能藉這兩方面內容的承認，推斷為入世後允許現有特區的特殊政策和優惠如數存在，甚至允許今後增設更多有特殊政策和優惠的特區。

2. 認為入世後特殊經濟區的現有特殊政策與優惠可以保留，特別是認為入世後還可以建立新的特殊優惠的特殊經濟區，那是一種過於樂觀的願望。WTO 沒有給予中國這麼大的恩惠。事實上，《議定書》僅給予中國一個徒具形式不具太多實際內容的「特殊經濟區」的空殼而已，因為《議定書》的實質精神及《工作組報告書》的具體內容，已經事實上否認了特殊經濟區的許多優惠可以存續。

首先，《議定書》第二條 A 節 1 款，規定「**WTO 協議和本議定書的規定適用於中國包括特殊經濟區的一切關稅領土**」，第 2 款明確規範中國應以「統一、公正、合理」的方式適用和實施一切「法律、法規及其它措施」，第 3 款則規定「**地方性法規、規章及其它措施應符合在《WTO 協議》和本議定書所承擔的義務**」。這義務，就是在任一中國關稅領土內實施統一的貿易制度，不得內外有別，區域有別。而特殊經濟區的最大優惠，特別是地方政策，便體現在這內外有別，區域有別上。

其次，《議定書》第 1 條 2 款已經明確做為《WTO 協議》組成部份的《工作組報告書》（僅指其中共 142 段的內容），中國已經承諾取消特殊經濟區與中國其他關稅領土的地區的差別。如第 222 段「**中國將在其關稅領土內統一實施關稅政策**」，第 225 段「**中國將加強在特殊經濟區中和中國關稅領土其他部份之間貿易的國內稅、關稅和非關稅措施的統一執行**」。當然，籠統地講，這種統一和取消差別有一定的時間過渡和「步驟」，但如果深入對某一項具體優惠政策的研究分析，則不難發現，諸如《工作組報告書》第 220 段我國代表強調的特殊經濟區內「**外資投資企業享受 15% 的公司所得稅稅率**（正常所得稅為 33%）」，外國投資者匯往國外的利潤免徵所得稅等等，特別是各地區自行制定的優惠政策，根據《議定書》第 2 條的義務，則應當在入世時作出廢、改以適應「統一、公正、合理」的要求。

再次，從《議定書》第 10、11、15 條看，特殊經濟區的「政策優惠」很難存續。第 10 條是關於「補貼」的條款，是《議定書》所有條款中態度最堅決和最鮮明的，沒有絲毫含糊，即我國自加入時起應取消屬《SCM 協議》[10]第 3 條範圍內

---

[10] WTO 成員國之間立有「補貼及平衡措施協議」（Agreement on Subsidies and Countervailing Measures，簡稱「SCM 協議」）。透過補助措施，政府可以促進國內經濟與研究的發展，進而提升國家整體的經濟與生活水準，因此補助向來被各國視為推動經濟與研究發展的重要手段。但是這種透過外力來改變市場發展的方法，在現行的自由競爭制度下卻是一種干擾的因素。自由市場機制無法更改，政府也必須依賴補貼措施來達成一定的

的所有補貼，包括國家對特殊經濟區企業及地方政府對地
方企業提供的有違《SCM 協議》的補貼。第 11 條是對進
出口產品徵收的稅費規定，特殊經濟區的各種稅費，除了
《工作組報告書》第 176 段中國代表力爭堅持的高新技術
產業「增值稅」可能（因該段並不成為 WTO 協議的組成
部份，故只能說可能）全免或全退之外，非高新科技產品
的增值稅及其它方面稅費優惠，均須另作調整以符合
GATT1994 的規定。第 15 條是關於補貼和傾銷時的價格可
比性，其中的關鍵是中國遭受反傾銷、反補貼指控的出口
產品企業，必須證明該產品生產具備市場經濟的條件，否
則有違 WTO 的「優惠政策」，將有可能成為企業產品被適
用「第三國價格」的遁詞。

3. 不論是《議定書》，還是《工作組報告書》，均無任何明示
或暗示中國特殊經濟區的優惠政策有「例如 10 年」或「更
長時期」的過渡期。根據中國的經濟發展及全球經濟一體
化的格局，這是 WTO 根本就不可能容忍的時間跨度。

4. 特殊經濟區的優惠政策實際上是一種「超國民待遇」，入世
後，中國是否還有必要長期存續這種有違於 WTO 公平原

政策目標，兩者即使相互矛盾，卻也必須同時生存。這時候就必須要有
一套管理的制度，在儘量不損及自由市場機制的前提下，來監控各國政
府的補貼措施。WTO 下的 SCM 協議，就提供了一套對各國政府補貼的
管理制度，以協調補貼所帶給國際自由貿易的干擾。—台灣資策會科技
法律中心研究員萬冬梅著《SCM 協議中補貼的範圍（上）》，台灣資策會
科技法律透析資料庫 2003 年 12 月 1 日出版。

則的優惠政策？特殊經濟區的優惠政策究竟還能給國家帶
來多大的利益不免存疑。實踐證明，依靠優惠政策吸引外
資的歷史任務已經完成，特別經濟區的優惠政策不僅為外
資提供了獲取高額利潤的機會，而且給國內其他地區造成
競爭環境的不公平、稅收優惠氾濫以至於難以繼續體現國
家宏觀調控意圖。因此，入世後優惠政策的存續，應當從
另一思路審慎考慮。

5. 基於上述理由，學者直指涉外稅收優惠措施將發生以下重
大變化：

(1) 減、免稅條款的適用將逐漸統一

為了充分發揮稅法的宏觀調控作用，實現國家的產業
結構調整和地區經濟結構調整戰略，稅收減、免將仍
然是中國「入世」後各種稅法的重要內容。但是，由
於國民待遇原則的適用和內外資企業所得稅的最終統
一，各稅種稅法的減、免條款的適用將逐漸統一。對
此，《中共中央在關於制訂國民經濟和社會發展「九五」
計畫和 2010 年遠景目標的建議》中就已明確指出：「對
外商企業逐步實行國民待遇。」。

(2) 地區性稅收優惠向結構性稅收優惠轉變

為適應改革開放特別是有效吸引外資的需要，中國現
行的稅收減、免法律制度具有明顯的地區性特點，即
稅收優惠的適用對象主要是位於某些特定地區的外商

投資企業和內資企業，如經濟特區、經濟技術開發區、沿海經濟開發區、高新技術產業開發區、上海浦東新區等。由於其設計目標上的過渡性，地區性稅收優惠政策不可避免的存在制度缺陷，進而明顯制約了稅法對國民經濟宏觀調控作用的充分發揮。同時，也使引進的外資難以發揮出最大的社會經濟效益。加入 WTO 後，為了配合新的產業結構調整政策的實施，提高中國產業在 WTO 下的整體競爭能力，中國的減、免稅法律制度將產生轉變，即由地區性稅收優惠轉向結構性稅收優惠。

(3) 普惠制轉變成特惠制

為了提高對外資吸引力度，目前中國對所有涉外企業都給予稅收優惠，即對涉外納稅主體實行「普惠制」。在中國加入 WTO 後，這種普惠制的涉外稅收優惠政策將逐漸過渡到「特惠制」，即在加入 WTO 後，中國將只給那些生產經營符合中國產業政策和經濟結構政策的涉外企業以稅收優惠，而對其他涉外企業將分步驟取消稅收優惠，以充分發揮稅收減免調節機制在提高外資利用效益上的作用。

以上學者正反意見的表述，筆者是支持肯定說的觀點的，不難預見 WTO 國民待遇原則對大陸的涉外稅收優惠制度的影響是必然的，因為這種稅收制度的差別待遇，不僅正是 WTO 所要破

除的藩籬，也是大陸目前產、官、學界一致要求落實執行稅收「法定原則」及「公平原則」，期待回歸到稅法基本原則的遵循，可以說是期待涉外稅收制度的反璞歸真，而這也幾乎是所有經濟發展中國家的必然走向。也正因為如此，中國政府在《**中共中央在關於制訂國民經濟和社會發展「九五」計畫和 2010 年遠景目標的建議**》中已明確指示「**對外商企業逐步實行國民待遇**」的政策，中國政府是已經做了明確的原則指示。

針對這樣的趨勢，學術界已經有許多研究中國加入 WTO 後外資稅收優惠法律制度如何因應改革的著作與報告出台，例如：《加入 WTO 與完善中國涉外稅法的理論分析》[11]、《國民待遇與外資稅收優惠政策之改革》[12]、《WTO 與中國外資稅收優惠法律制度之改革》[13]、《WTO 體制下中國高新技術產業發展的稅法對策》[14]、《論依法行政與優化投資環境》[15]等，都是值得有意或者已經在大陸投資的台商及其它外資投資人參閱研讀的資料，以做

---

[11] 劉劍文、宋麗合作發表於《涉外稅務》2001 年第 3 期；修訂收錄於劉劍文著《稅法專題研究》P. 304～P. 315，專題十.「WTO 與稅法」，北京大學出版社 2002 年 9 月版。

[12] 劉劍文、熊偉合作發表於《中國法學》1998 年第 2 期；修訂收錄於劉劍文著《稅法專題研究》P. 315～P. 325。

[13] 劉劍文、熊偉合作發表於《中外法學》2001 年第 2 期；修訂收錄於劉劍文著《稅法專題研究》P. 325～P. 337。

[14] 劉劍文、熊偉合作發表於徐傑主編《經濟法論叢》(第 2 卷)；修訂收錄於劉劍文著《稅法專題研究》P. 338～P. 367。

[15] 鹽城市中級人民法院韓標、陳華著《論依法行政與優化投資環境》，刊於《行政與法治》P. 7，2003 年 4 月第 4 期。

為調整大陸投資談判策略的參考，並為將來稅收減免優惠政策變更影響產銷成本與獲利時預做因應準備。

4.2 投資爭議之法律救濟概論

從前述大陸加入 WTO 後對外資稅收優惠法律制度可能帶來的衝擊影響，已經可以合理預見大陸對外資稅收優惠制度將無可避免地發生變化，只是執行時間表早晚的問題爾。現在在大陸投資的台商及其它外資投資人，不論是已經獲得各地方政府若干稅收減免補貼優惠的承諾，或是正在與地方政府折衝談判極力爭取這些優惠條件，投資人都必須有如此的認知與心理準備，就是大陸目前提供給投資人「超國民待遇」的稅收減免補貼優惠條件，在 WTO 要求「國民待遇原則」的壓力下，早晚終究是會改變的。而有關外資稅收優惠條件的變更趨勢是如此，其他與稅收無關的優惠條件亦然。

因此，投資人現在要關注的重點已經不是在討論大陸對外資投資優惠法律制度是否會改變，而是在現今當下應該已預見未來而思索如何預作因應之道。兩種心態可供參考：一、消極的心態，預先設想當未來政策修正改變，以立法或行政命令明文取消目前承諾的這些鼓勵外資投資的優惠條件時，投資人應該如何因應謀求補救之道？對現在簽署投資合同的相對人，可否以其違背投資

合同的承諾為由，依法律程序請求民事損害賠償或是國家賠償？
二、積極的心態，預設當優惠條件取消後，企業應該如何因應以
保持企業永續經營的競爭力？特別是現在正在著手進行投資談判
中的台商投資人，應當抱持健康的投資心態，瞭解大陸現行經濟
法律規定，尊重大陸當地地方政府的行政權力，將地方政府可以
有效承諾的優惠條件當做是投資決策的加分因素與可變因素而非
主要考量因素，以自身技術與經驗之長，結合大陸充沛人力與物
資的優勢，來進行長遠的投資營運規劃。

　　基本上本書是以「預防重於治療」的思想做出發點，重在事
前指引台商投資人進行大陸投資時對投資對象有正確的認知，不
論是針對投資客體的各項優惠條件內容的適法性問題，或是簽署
投資合同的對造法人地位與代表性的釐清，要更重於事後發生投
資爭議時法律救濟途徑的說明。因為這些事前要先釐清確認的主
客觀條件因素，是未來萬一發生投資爭議時，決定投資人有無訴
請法律救濟的機會及救濟途徑的判斷基礎及決定因素。當投資人
能清楚掌握投資標的的主客觀條件因素時，便能依循原則知所進
退。因此，本書不就訴訟理論及訴訟程序深入討論，僅概要說明
因投資合同所生爭議時，可能採取法律訴訟途徑的判斷依據。概
括而論，台商投資人日後若發生投資爭議時，可選擇法律救濟途
徑不外「民事訴訟」、「行政救濟」及「仲裁」，概述如下：

4.2.1 民事訴訟

在大陸法系國家，判斷是否為民事訴訟，應以原告起訴主張為訴訟標的的法律關係，是否為私法上爭執為斷[16]。又依《**中華人民共和國民事訴訟法**》第 3 條規定：「**人民法院受理公民之間、法人之間、其他組織之間以及他們相互之間因財產關係和人身關係提起的民事訴訟，適用本法的規定。**」，舉凡涉及財產關係或人身關係等私法上法律關係的爭執者，均適用民事訴訟程序，而不論當事人雙方是自然人或法人，亦不論是私法人或公法人。投資合同中涉及單純民事財產權益的侵害者，可以循一般民事訴訟程序處理，例如廢棄物清理問題，投資人與某經濟開發區管理委員會簽署投資合同，管委會於合同中要求投資人就工廠的廢棄物清理必須符合環保法令要求，管委會也應投資人要求，承諾於開發區附近設立工業廢棄物處理場等配套措施。日後投資人建廠完成開始運作時，管委會卻未依約設立工業廢棄物處理場等配套措施，致使投資人無處清運工業廢棄物而造成停工損失，投資人便可提起民事訴訟請求對方未履行義務之損害賠償。

在此要特別提出說明的是，因目前台商在大陸投資的法律依據是「三資企業法」（中華人民共和國外資企業法、中華人民共和國中外合資經濟企業法、中華人民共和國中外合作經濟企業法）的三個外商投資企業法，基本上台資企業在大陸是比照一般外資

---

[16] 參楊建華著《民事訴訟與行政訴訟》，收錄於楊建華著《問題研析—民事訴訟法(一)》P. 1，台灣三民書局有限公司總經銷，1986 年 9 月版。

企業的地位，因此，台商若提起民事訴訟時，理論上是應該以「涉外民事案件」來處理的。但事實上，大陸目前司法管轄實務操作上，是將「港、澳、台民事案件」及「港、澳、台經濟糾紛案件」統一都交由中級法院及高級法院管轄，基層法院尚無權管轄受理有關「香港、澳門及台灣」的「民事案件」及「經濟糾紛案件」。以北京市各級法院為例，依據《關於北京市各級人民法院受理第一審民事、經濟糾紛案件級別管轄的規定》的規定[17]，「爭議金額在 50 萬元以上不滿 8000 萬元的涉外、涉港、澳、台民事案件」及「爭議金額在 500 萬元以上不滿 8000 萬元的涉外、涉港、澳、台的經濟糾紛案件」的第一審程序由中級法院管轄；「爭議金額在 8000 萬元以上的涉外、涉港、澳、台民事糾紛案件」及「爭議金額在 8000 萬元以上的涉外、涉港、澳、台經濟糾紛案件」的第一審程序由高級法院管轄。除了北京市以外，大陸深圳市中級法院、溫州市等其他省市的地方法院也都有相同原則的規定，差別只在於金額大小的不同[18]。但有關訴訟審理期限的規定，卻又規定「涉港、澳、台案件的審理期限，參照涉外案件的規定。」[19]。

---

[17] 北京市高級人民法院於 2000 年 6 月 20 日對北京市第一、二中級人民法院、北京鐵路運輸中級法院、各區縣人民法院、各鐵路運輸法院等發出《關於北京市各級人民法院受理第一審民事、經濟糾紛案件級別管轄的規定》的通知，詳請參閱本文附錄。

[18] 溫州晚報（http://www.wzwb.com.cn）：民事案件級別管轄有調整，江蘇省高院管轄的有具體數額的一審民事案件為：爭議金額在 5000 萬元以上的民事案件；爭議金額在 3000 萬元以上的涉外和涉港、澳、台民事案件。

[19] 廣東省深圳市鹽田區人民法院《鹽法網》「http://www.yanfa.gov.cn」。

可見，台商於大陸因投資衍生的一般民事或經濟糾紛案件，是由中級或高等人民法院管轄處理的。雖然民事或經濟糾紛案件，是由一般人民法院管轄處理的，但是若是有關稅收減免補貼優惠的承諾所生爭議，有學者認為稅捐應否課徵乃公法上的爭議，應循行政救濟途徑行之，不得提起民事訴訟[20]。台商投資人擬提出民事訴訟時，必須先依個案確認請求內容，是有關稅收優惠或是其他一般民事財產權利受侵害的爭議，先判別訴訟標的究竟是私法或公法性質，才能正確決定應採民事訴訟或行政訴訟途徑解決爭議。

4.2.2　行政救濟

原告投資人起訴主張為訴訟標的的法律關係若為公法上法律關係者，應適用行政救濟程序。廣義的行政救濟程序包括了請願、聲明異議、申訴、請求改正錯誤、行政複議、行政補償、行政訴訟及行政賠償等不同階段採取的不同救濟手段。狹義的行政救濟程序則是指行政訴訟，也就是當請願、聲明異議、申訴、請求改正錯誤、行政複議、行政補償等程序都無法滿足當事人的救濟需求時，以行政訴訟來決定行政機關有無責任以及賠償金額的大小，便是當事人所能採行的最後行政救濟程序了。

---

[20]　參楊建華著《民事訴訟與行政訴訟》，收錄於楊建華著《問題研析—民事訴訟法(一)》P. 5，台灣三民書局有限公司總經銷，1986 年 9 月版。

一般原告提起行政訴訟的請求中，最主要的莫過於請求「行政賠償」了，概要說明行政賠償的意義及構成要件如下：

1.行政賠償的意義及構成要件

行政賠償是國家行政機關及其工作人員在執行職務、行使國家行政管理職權的過程中，所作出的具體行政行為違法，給公民、法人或其他組織造成損害，由國家行政機關承擔的賠償責任[21]。而行政賠償的構成要件，是法定的被訴行政機關承擔賠償責任的必備條件，根據《中華人民共和國行政訴訟法》的有關規定，行政賠償的構成要件如下：

(1) 必須有合法權益受到損害的事實

行政侵權賠償責任必須以損害事實的存在為前提條件，沒有損害的事實，就沒有賠償責任。損害，是指實際上已經發生或者

---

[21] 張柏峰主編《中國的司法制度》P. 206，法律出版社，2002年10月版。並參照《中華人民共和國國家賠償法》第二章有關行政賠償的規定，第三條：「行政機關及其工作人員在行使行政職權時有下列侵犯人身權情形之一的，受害人有取得賠償的權利：（一）違法拘留或者違法採取限制公民人身自由的行政強制措施的；（二）非法拘禁或者以其他方法非法剝奪公民人身自由的；（三）以毆打等暴力行為或者唆使他人以毆打等暴力行為造成公民身體傷害或者死亡的；（四）違法使用武器、警械造成公民身體傷害或者死亡的；（五）造成公民身體傷害或者死亡的其他違法行為。」；第四條：「行政機關及其工作人員在行使行政職權時有下列侵犯財產權情形之一的，受害人有取得賠償的權利：（一）違法實施罰款、吊銷許可證和執照、責令停產停業、沒收財物等行政處罰的；（二）違法對財產採取查封、扣押、凍結等行政強制措施的；（三）違反國家規定徵收財物、攤派費用的；（四）造成財產損害的其他違法行為。」。

一定會發生的損害，而不能是想像的、可能的、推測的損害。同時，損害既包括既得利益的損害，也包括現實可得利益的損害。受到損害的利益必須是合法的利益，非法利益的損失不能發生行政賠償責任。這裏所說的損害，是指對人身權利的損害、財產權的損害、知識產權的損害。

(2) 損害事實必須是具體行政行為造成的

它具體包括以下內容：

① **損害主體必須是行政機關或是行政機關工作人員**。有些組織本身不是行政機關，但法律、法規授權或行政機關依法授權其行使部分行政管理職權的，也應視為行政機關。非政府部門的工作人員，但被行政機關臨時聘用行使行政職權的人員，也應視為行政機關工作人員。

② **損害行為必須是具體行政行為**。具體行政行為是指行政機關行使權力，對特定公民、法人或其他組織作出的，影響其法律地位，產生行政法上的法律後果的單方行為。行政機關制定法規、規章等抽象行政行為造成相對人的損害，不屬於行政訴訟法所調整的範圍。

③ **損害事實與具體行政行為具有因果關係**。即具體損害的結果發生，確實是因行政機關行使公權力的行為所直接或間接造成者。

(3)　損害行為必須是違法行為

合法的行政行為所造成的損失不能引起行政侵權賠償責任，而只能引起補償義務。只有在行政行為違法的情況下，才發生行政侵權賠償責任。這種違法行為，主要是指沒有事實根據或法律根據、適用法律和法規錯誤、違反法定程序、超越職權、濫用職權或拒不履行法律職責等。

2.行政賠償與國家賠償

「行政賠償」不同於「國家賠償」，行政賠償是國家賠償的重要組成部分，根據《中華人民共和國國家賠償法》的規定，國家賠償包括了「行政賠償」(第二章)、「刑事賠償」(第三章)及「其它規定」(第五章，學者稱為「非刑事司法賠償」)[22]。國家賠償是指國家對於行使公權力的行為造成侵權的損害後果承擔責任的活動，是根據國家有關法律規定，國家機關的工作人員於執行職務行使公權力時，因違法失職侵害公民、法人和其他組織的合法權益造成損失的，或受託的國家機關、組織和個人在執行職務時違法侵害了公民、法人和其他組織合法權益造成損失的，或因設置或管理有欠缺的公有公共設施、危險物品等使人民的生命、身體或財產遭受損害的，而由國家承擔賠償責任的一種制度，是由國家侵權行為導致的國家責任[23]，其涵蓋的責任範圍比行政賠償廣泛。

---

[22] 張柏峰主編《中國的司法制度》P. 206，法律出版社，2002 年 10 月版。

[23] 胡充寒、周雄文主編《中國國家賠償法學》P. 17，中南工業大學出版社，1997 年 12 月版。

3.行政賠償責任的排除

　　對投資人來說，大陸雖立有國家賠償法來保障投資人因行政機關及其工作人員的行政行為損害權利時有救濟的機會，但在若干情形下，行政機關是可以不承擔賠償責任的。《**中華人民共和國國家賠償法**》第五條規定：「**屬於下列情形之一的，國家不承擔賠償責任：一、行政機關工作人員與行使職權無關的個人行為；二、因公民、法人和其他組織自己的行為致使損害發生的；三、法律規定的其他情形。**」，雖然大陸國家賠償法沒有規定國家行為、內部行政行為和抽象行政行為屬於免責的情形，但大陸的行政訴訟法已經將國家行為、內部行政行為和抽象行政行為排除在司法審查的範圍之外。根據此一精神，大陸最高人民法院在《**關於審理行政賠償案件若干問題的規定**》中規定：「**公民、法人或者其他組織以國防、外交等國家行為或者行政機關制定發佈行政法規、規章或者具有普遍約束力的決定、命令侵犯其合法權益造成損害為由，向人民法院提起行政賠償訴訟的，人民法院不予受理。**」，因此，在大陸因國家行為、內部行政行為和抽象行政行為造成的損害，並不能請求行政賠償[24]。

　　投資人要特別理解的是國家賠償法第五條第三項的免責因素「法律規定的其他情形」，如於行政賠償的構成要件中曾提到，行政機關的損害行為必須是「具體行政行為」，具體行政行為是指行

---

[24] 張正釗、李元起主編《行政法與行政訴訟法（第二版）》P. 325，中國人民大學出版社，2004 年 6 月版。

政機關行使權力，對特定公民、法人或其他組織作出影響其法律地位，產生行政法上法律後果的單方行為；行政機關制定法規、規章等抽象行政行為造成相對人的損害，不屬於行政訴訟法所調整的範圍。也就是說，如果行政機關是因為執行法規、規章規定而行使行政行為，萬一無可避免地造成投資人權益損害的話，行政機關是可以不承擔賠償責任的。**本文前述大陸加入 WTO 後，因國民待遇原則的要求而於將來廢止取消了涉外稅收減免補貼的優惠條件時，雖然對投資人而言違反了投資合同承諾造成投資人的某些損害，但於此情形下，行政機關是可以不承擔賠償責任的。**

進一步言之，稅收減免補貼以外的其他優惠條件，日後因故廢止取消時，必須視其廢止取消的原因，若是因政府經濟政策因素，以法律或行政命令明文廢止取消時，投資人只能接受配合遵循，無從請求任何行政賠償或補償，除非該廢止立法或命令中即附帶訂有補償條款。優惠條件若不是因法律或行政命令明文廢止取消，確定是「違法」的行政行為惡意違約者，則投資人必須進一步按照本文探討投資合同中的各項主客觀條件，判斷所欲主張請求的訴訟標的是公法性質或私法性質，及相對人的法律地位是公法人或私法人，綜合判斷各項要件後，才能決定應該採取民事訴訟程序或行政訴訟程序來請求損害賠償，個別訴訟程序細節，於此就略而不贅矣。

4.2.3 仲裁

　　仲裁(Arbitration)是解決民商事糾紛、維護權益的機制之一，相較於行政救濟與司法訴訟程序，仲裁算是最經濟便捷的程序了，也是一般涉外商務案件當事人最常約定採用的解決糾紛的方式。在台商到大陸投資簽署的投資合同與土地出讓合同中，也常見約定若日後因投資協議發生爭議時以仲裁解決。但是這樣的約定是否有效？當投資爭議發生時，台商是否真的能申請仲裁來解決糾紛？依大陸現行法規定來看是存有潛在疑慮的，概要說明如下：

1.大陸的仲裁機制

　　大陸的仲裁制度根據所要解決的糾紛是否具有涉外因素，即一方當事人（主體）為外國人、糾紛之標的物（客體）所在地在國外、糾紛發生之行為（行為）涉及外國或兼而有之者，可劃分為「**國內仲裁**」與「**涉外仲裁**」兩類。國內仲裁是指一國的仲裁機構對本國當事人之間的不具有涉外因素的民商事糾紛進行仲裁，其特點是：(1)仲裁雙方當事人都是中國籍本國當事人；(2)仲裁所解決的民商事糾紛是國內糾紛，不具有涉外因素；(3)國內仲裁的仲裁機構通常不是國際商事仲裁機構，當然現在有的國際商事仲裁機構也接受仲裁國內民商事糾紛。

　　涉外仲裁是指對具有涉外因素的民商事糾紛進行仲裁，其特點是：(1)仲裁所解決的糾紛是涉外的民商事糾紛，大陸《仲裁法》

第 65 條規定，涉外經濟貿易、運輸和海事中發生的糾紛的仲裁，適用法律對涉外仲裁的特別規定；(2)涉外仲裁有專門的仲裁機構，大陸常設涉外仲裁機構有兩個：一是「**中國國際經濟貿易仲裁委員會**」(CIETAC)，二是「**中國海事仲裁委員會**」(CMAC)，兩者都附屬於「中國國際貿易促進委員會」（CCPIT，即中國國際商會）。[25]而台商在大陸依據三資企業法[26]設立的企業，法人主體性質認定上仍屬於外資企業，所以，台商若因投資爭議擬進行仲裁時，應按涉外仲裁來處理。

2.仲裁之排除適用

依大陸《**仲裁法**》第 3 條規定：「**下列糾紛不能仲裁：(一)婚姻、收養、監護、撫養、繼承糾紛；(二)依法應當由行政機關處理的行政爭議。**」，其中第(二)項「**依法應當由行政機關處理的行政爭議**」對台商在大陸的投資糾紛可否適用仲裁程序產生很大的潛在疑慮，因為此一籠統的概括排除條款，將使得有些理論上具有可仲裁性之案件，由於某種情況或者某項規定卻不可仲裁。由於國家主要以間接的形式確定不可仲裁事項，不可仲裁事項的界限往往不是十分清楚，需要採取推定、解釋的方法去判斷，而推定、解釋的權力往往是在於國家行政機關，不在投資人或仲裁

---

[25] 劉敏、陳愛武主編《現代仲裁制度》P. 11～P. 12，中國人民公安大學出版社，2002 年 1 月版。

[26] 外商在大陸設立公司一般是依據《中外合資經營企業法》、《中外合作經營企業法》或《外資企業法》，通稱為「三資企業法」。

機構，這對投資人是非常不利的。當國家機關行使權力的方式、
程度、範圍有所變化時，就會影響到案件的可仲裁性。且國家機
關沒有義務與仲裁機構商定如何確定可仲裁性的範圍，因為仲裁
機構非國家機關。對於不可仲裁事項的確定，一般只能根據國家
機關行使權力的方式、程度、範圍去相應確定，而不由國家作明
確規定，當然這不排除國家對某些不可仲裁事項作出特別規定的
情況。大陸政府可以通過強化行政解決手段，間接影響某類案件
不可仲裁，這是指國家根據經濟發展需要，對某方面的行政解決
手段予以加強，將原來允許仲裁解決的事項收歸只能由行政解
決。雖然沒有明確規定這類規定不再適用仲裁解決，但已實際發
生不可仲裁的效果[27]。

　　對台商而言，因為投資合同內容發生的爭議是否屬於「依法
應當由行政機關處理的行政爭議」，這牽涉到投資合同的性質是否
屬於「行政契約」（或稱「行政合同」）的公法學及經濟法學學理
問題。投資合同約定內容範圍甚廣，性質上同時包含了一般民事
私法關係（例如標準廠房免費提供或優惠承租的約定）及行政法
上公法關係（例如國有土地買賣及各項稅費的減免優惠約定），無
法將其單純歸類於大陸現行合同法分論十五類合同的任何一類，
將投資合同視為行政契約的一種類型斷無疑義，雖然行政契約的
形態目前在大陸尚無明確而統一的法令規定。影響所及，以 1990
年 5 月 19 日國務院發佈的《中華人民共和國城鎮國有土地使用權

---

[27] 參閱張建華著《仲裁新論》P. 92～P. 95，中國法治出版社，2002 年 3 月版。

出讓和轉讓暫行條例》為例，國家對土地的管理開始從行政劃撥
方式轉變為行政合同管理方式，它明確規定了行政機關在合同中
的制裁權、解除權等行政合同特有的規則[28]。也就是說，若投資
合同一旦被認定是屬於行政契約、行政合同，則行政機關對該合
同所發生的爭議就有片面的制裁權、解除權，也就構成了《仲裁
法》第3條第(二)項「依法應當由行政機關處理的行政爭議」，因
而排除了仲裁程序的適用資格。

因行政契約衍生的糾紛，是否一定排除一般司法訴訟或民事
仲裁救濟制度的適用，雖然在行政法學界仍存有爭論，有學者認
為需不需要特別的救濟途徑或訴訟類型，與一國的行政契約理論
制度是否發達有密切關係，但利用現行法治上一般救濟途徑，也
並非不能解決因行政契約所生之涉訟問題。但也有學者認為行政
契約所形成的行政法關係，必須放在行政法救濟框架內解決，但
目前的行政複議和行政訴訟制度的結構不適合解決行政契約糾紛

---

[28] 《中華人民共和國城鎮國有土地使用權出讓和轉讓暫行條例》第二章第8
條：「土地使用權出讓是指國家以土地所有者的身份將土地使用權在一定
年限內讓與土地使用者，並由土地使用者向國家支付土地使用權出讓金
的行為。土地使用權出讓應當簽訂出讓合同。」。第46條：「對未經批准
擅自轉讓、出租、抵押劃撥土地使用權的單位和個人，市、縣人民政府
土地管理部門應當沒收其非法收入，並根據情節處以罰款。」。第47條：
「無償取得劃撥土地使用權的土地使用者，因遷移、解散、撤銷、破產
或者其他原因而停止使用土地的，市、縣人民政府應當無償收回其劃撥
土地使用權，並可依照本條例的規定予以出讓。對劃撥土地使用權，市、
縣人民政府根據城市建設發展需要和城市規劃的要求，可以無償收回，
並可依照本條例的規定予以出讓。……。」。

問題[29]。惟不論行政法學理論上爭議與未來立法趨勢如何,就目前現實關係而言,觀諸投資合同的各項協議內容,鮮有不與大陸中央或地方政府各行政機關密切關聯的,在大陸招商引資、發達經濟的目標已經達到相當程度的現況下,甚至為了壓抑連年高經濟成長率的經濟發展過熱現象,而持續不斷執行宏觀調控機制,各項相應的法律或行政命令不斷出台,台商過去或現在投資所取得的優惠條件,難保永遠不會改變。即使在法令未變更的情形下,因履行投資合同協議內容已經發生爭議糾紛者,台商是否就能按仲裁制度來解決糾紛維護權益,事實上還是有潛在變數疑慮的。

4.3　總結

　　環球經濟資源的日漸枯竭,及經濟市場的重疊與衝突,迫使國際間各種跨國性經濟合作模式應運而生,小至鄰國彼此之間毫無壁壘的互惠往來,例如丹麥、瑞典及芬蘭這自成一體的北歐三國經濟體,美國與加拿大之間的往來互惠更是全面性的。大至整個區域性的經濟合作,例如已經發展五十餘年的「歐洲聯盟」(「歐盟」),至 2007 年 1 月 1 日止歐盟總共有了 27 個會員國。又如印尼、泰國、馬來西亞、新加坡及菲律賓等東南亞國家自成一局的

---

[29] 參閱余凌雲著《行政契約論》P. 40～P. 45,P. 159～P. 173,中國人民大學出版社,2000 年 9 月版。余凌雲著《論行政契約的救濟制度》,載《法學研究》期刊 1998(2)。吳庚著《行政法之理論與實用》P. 370。

「東南亞區域經濟」。而中國大陸因地大物博人口眾多的天然因素，本身就已經具備了發展「區域經濟」[30]的自然條件，從中共建政之初側重「三北」（東北、華北、西北）[31]開發，到 1996 年劃分為東北地區、環渤海地區、長江中下游地區、東南沿海地區、西南和華南部分省區、西北地方、中部五省地區七大「區域經濟」區塊[32]，大陸自鄧小平實施「區域經濟非均衡發展戰略」及後來修訂為「區域經濟非均衡協調發展戰略」以來，「區域經濟」的經濟發展模式已經很自然而然地在大陸發展起來[33]。概因在相同或鄰近地區的民族、國家或是幅員遼闊的一國之內，基於經濟上利益的共同需求，從最基本的民生物資互通有無，勞動人力與生產技術的交流互補需求，到消費市場銷售逐利的追求，因地域相鄰之便利，區域經濟於焉發展，若再加上這相同區域內之國家源自於相同之種族文化，有相同的語言，更促進了區域經濟一體化的加速發展，區域經濟已經成為全球經濟發展的一種趨勢。

　　自二十世紀末開始，當全球投資人都逐漸將投資目標與市場鎖定在中國大陸時，台灣又如何能置身事外反世道而行呢？台灣

---

[30] 「區域經濟」也就是地區經濟，但又不同於行政區劃，是一種於特定區域內自然形成的經濟活動領域，或稱為「區域經濟一體化」，參楊麗豔著《區域經濟一體化法律制度研究》，法律出版社，2004 年 11 月版。景普秋、羅潤東著《經濟全球化下中國區域經濟一體化的思考》，發佈時間：2003-8-1 文章來源：《山西財經大學學報》2002 年 08 月。

[31] 朱厚倫著《中國區域經濟發展戰略》P. 40，社會科學文獻出版社，2004 年 8 月版。

[32] 林善煒著《中國經濟結構調整戰略》P. 356，中國社會出版社，2003 年 11 月版。

[33] 謝正一著《中國區域經濟版塊推移之研究》，「http://mtca.myweb.hinet.net」。

與大陸雖有台灣海峽相隔，但也因此更突顯出台灣這彈丸海島之地物資及市場有限的不利因素，台灣是需要藉助與大陸發展「區域經濟」的經濟合作模式，來為台灣的民生經濟長遠發展提供出路與保障，而台灣的工商企業界早已一葉知秋地轉往大陸投資行之有年，至今這股台商投資「西潮」似乎是前撲後繼方興未艾矣，因為這是現實民生經濟發展的需求，更何況台灣與大陸兩岸人文社會原本就是同文同種毫無藩籬障礙的同一民族！台商往大陸投資是時勢所趨，也是民生經濟所需，過去十年間，台灣對大陸投資額逐年增加[34]，在大陸設廠製造產品行銷全球，確實維持住了台灣企業最基本的國際競爭力，而大陸當然更是台灣與其他外資持續加碼投資下最大的受益者。大陸與台灣多年來的經濟互動，已逐漸形成一個典型的區域型經濟合作發展的模式，其相對產生的經濟合作效益，如同魚幫水、水幫魚，互助互補各取所需，產生共存共榮的經濟合作發展成果，這是海峽兩岸人民的福氣，更是海峽兩岸突破政治隔閡所共創的最大成就！

---

[34] 依臺灣經濟部投資審議委員會（投審會）2004 年 1 月 20 日發佈《93 年 12 月核准僑外投資、對外投資、對大陸投資統計總表》新聞稿：2004 年 1-12 月臺灣對大陸投資件數為 2004 件，核准金額為 69 億 4066 萬 3 千美元，與 2003 年同期相較，件數成長 9.09%，金額則成長 51.05%。而這些尚不括違規的投資案件，投審會 2004 年 2 月 5 日發佈 2004 年全年查察未經許可達法赴中國大陸投資案件數共計 869 件（包含書面檢舉案件計 22 件、主動陳報案件計 729 件及主動調查案件計 118 件）。而依據 2007 年 1 月 19 日發佈《95 年 12 月核准僑外投資、對外投資、對大陸投資統計總表》新聞稿：2006 年 1-12 月臺灣對大陸投資件數為 1090 件，核准金額為 76 億 4233 萬 5 千美元，與 2005 年同期相較，件數雖減少了 207 件（-15.96%），但金額仍是增加了 16 億 3538 萬 2 千美元（+27.22%）。

　　既是大勢所趨，台資企業必然要到大陸投資設廠，台商不得不正視到大陸投資的種種細節問題，台商若有心到大陸投資長遠立足發展，瞭解並且尊重大陸當地的現行法律，及整個國家經濟政策的發展趨勢，是絕對必要的，也是最基本的。而大陸加入WTO 後對大陸目前推動中的第五次國家「宏觀調控」政策也起了影響，將使得大陸的宏觀經濟運行面臨重大變化，將更趨於國際化、規範化、法治化。加入 WTO 後，國家的各項規章制度的出台必須與 WTO 規則和中國履行的承諾相吻合，許多法規、政策在頒佈前必須經過公開討論和徵求意見，各項法規、政策的名稱不能再是簡單的「通知」等內部檔，政府行使宏觀經濟管理的職能將主要依據公開的統一的法律、法規而不是內部檔。用法律手段解決宏觀經濟運行中的問題，將是中國大陸宏觀經濟調控的一個重要特徵。[35]

　　當綜觀瞭解了大陸整個內外經濟環境之後，相信台商投資人心中已能有較為客觀而理性的量尺，來評估如何進行大陸投資優惠條件的談判取捨。筆者要特別提醒有意到大陸投資，或者現在正在著手進行投資談判中的台商投資人，切勿再抱持財大氣粗的財團勢力做談判籌碼的心態，以向地方政府強取豪奪超國民待遇的優惠條件而沾沾自喜，當知依法無據或逾越許可權限的優惠承

---

[35] 侯榮華、沈小平、尹素風合著《加入 WTO 對我國宏觀經濟調控的影響與對策》，宏觀經濟管理 2002 年 6 月。
　《2005 預測報告：宏觀調控著力點鮮明措施更趨靈活》，來源：上海證券報 2004 年 12 月 13 日，〈www.XINHUANET.com〉。

諾，終究是歸於無效的，且日後恐無法律救濟求償的機會。當今全球經濟體之下，台商應抱持更宏觀的視野與企業企圖心，以積極而正面的心態西進大陸，瞭解大陸現行經濟法律規定，尊重大陸中央與地方政府的行政權力及各項政策，以企業本身技術能力及管理經驗的優勢做後盾，運用大陸充沛人力與物資，不斷強化企業競爭力，同時留意大陸國家經濟政策與法律變革趨勢，預作適度的風險管理以順應變化，則今日投資當可無懼於日後政策的變化，才是台商能在大陸永續經營成長的基石保障！

參考文獻

1. 李江鴻：《論中國加工貿易法律制度的完善》，中國人民大學碩士學位論文，2004 年 5 月。

2. 張凱：《略論宏觀調控政策的實施思路》，教學參考網〈http://www.scz.net.cn〉。

3. 劉溶滄，馬珺：《中國宏觀經濟調控目標的定位分析》，《財貿經濟》2001 年第 9 期。

4. 侯榮華／沈小平／尹素風：《加入 WTO 對我國宏觀經濟調控的影響與對策》，宏觀經濟管理 2002 年 6 月。

5. 景普秋、羅潤東：《經濟全球化下中國區域經濟一體化的思考》，發佈時間：2003-8-1 文章來源：《山西財經大學學報》2002 年 08 月。

6. 穆之、喬生：《特殊經濟區的優惠政策還能走多久？》，刊於《行政與法治》P. 15, 2002 年 8 月第 8 期。

7. 耿寶建（江蘇省高級人民法院）：《外商投資企業審批主體問題研究》，刊於《行政與法治》P. 4, 2003 年 4 月第 4 期。

8. 鹽城市中級人民法院／韓標、陳華：《論依法行政與優化投資環境》，刊於《行政與法治》P. 7, 2003 年 4 月第 4 期。

9. 黃良林（溫州市政府法治辦）：《論政府信用與依法行政》，刊於《行政與法治》，2002 年 12 月第 12 期。

10. 秦建平（響水縣法院）：《未履行承諾應否承擔行政賠償責任》，刊於《行政與法治》，2002 年 4 月第 4 期。

11. 如皋市人事局／朱霽雲：《事業單位改革形式之我見》，刊於《行政與法治》，2002 年 5 月第 5 期。

12. 葉巍（江蘇省高級人民法院）:《情事變更原則的法律效果研討》,刊
   於《行政與法治》,2002 年 4 月第 4 期。

13. 《WTO 與中國外資稅收優惠法律制度之改革》,劉劍文、熊偉合作
   發表於徐傑主編《經濟法論叢》(第 2 卷);修訂收錄於劉劍文:《稅
   法專題研究》P. 338～P. 367。

14. 《WTO 體制下中國高新技術產業發展的稅法對策》,劉劍文、熊偉
   合作發表於徐傑主編《經濟法論叢》(第 2 卷);修訂收錄於劉劍文:
   《稅法專題研究》P. 338～P. 367。

15. 《加入 WTO 與完善中國涉外稅法的理論分析》,劉劍文、宋麗合作
   發表於《涉外稅務》2001 年第 3 期;修訂收錄於劉劍文:《稅法專題
   研究》P. 304～P. 315,專題十、「WTO 與稅法」,北京大學出版社 2002
   年 9 月版。

16. 《國民待遇與外資稅收優惠政策之改革》,劉劍文、熊偉合作發表於
   《中國法學》1998 年第 2 期;修訂收錄於劉劍文:《稅法專題研究》
   P. 315～P. 325。

17. 《中國涉外企業所得稅收制度與 WTO 規則的衝突分析》,參王鐳著
   《WTO 與中國涉外企業所得稅收制度改革》,P. 89～P. 130,社會科
   學文獻出版社,2004 年 8 月版。

18. P. 201～P. 207,"TRADE-RELATED INVESTMENT MEASURES", §5.8
   of《The Political Economy of the World Trading System – The WTO and
   Beyond》, 2nd Edition, written by WBERNARD M. HOEKMAN and
   MICHEL M. KOSTECKI, published by OXFORD UNIVERSITY
   PRESS in YR 2001.

附　錄

《吸引台胞投資的優惠政策》

　　為方便台胞來京投資，現將與台胞投資相關的主要法規政策列舉如下，詳細規定可訪問北京市人民政府台灣事務辦公室網站（www.bjstb.gov.cn）。

一、中華人民共和國台灣同胞投資保護法

　　（1994 年 3 月 5 日第八屆全國人民代表大會常務委員會第六次會議通過，1994 年 3 月 5 日中華人民共和國主席令第 20 號公佈）

二、中華人民共和國台灣同胞投資保護法實施細則

　　（1999 年 12 月 5 日中華人民共和國國務院令第 274 號發佈，自發佈之日起施行）

三、中華人民共和國外資企業法實施細則（修改版）

　　（1990 年 10 月 28 日國務院批准 1990 年 12 月 12 日對外經濟貿易部發佈根據 2001 年 4 月 12 日《國務院關於修改〈中華人民共和國外資企業法實施細則〉的決定》修訂）

四、北京市人民政府關於實施《北京經濟技術開發區條例》辦法

（1998 年 4 月 29 日北京市人民政府令第 3 號發佈）

五、北京市鼓勵台灣同胞投資的補充規定

（北京市人民政府台灣事務辦公室 1997 年 9 月 2 日公佈）

六、北京市鼓勵台灣同胞投資的補充規定有關條款實施細則的規定

（北京市人民政府台灣事務辦公室 1998 年 5 月 12 日公佈）

七、香港、澳門和台灣地區高級人才來京工作有關政策的實施意見

（2003 年 2 月開始施行）

八、北京市人民政府台灣事務辦公室台胞投資企業行政核准程

式性規定

《廣州經濟技術開發區條例》(第 3 號)

2003-08-12

　　廣州市第十一屆人民代表大會常務委員會第三十七次會議於 2002 年 12 月 13 日表決通過的《廣州市人民代表大會常務委員會關於修改〈廣州經濟技術開發區條例〉的決定》，業經第十屆人民代表大會常務委員會第二次會議於 2003 年 4 月 2 日批准，現予公佈，自 2003 年 7 月 1 日起施行。

廣州市人民代表大會常務委員會

2003 年 5 月 7 日

第 一 章　總則

第 一 條　為促進廣州市經濟、社會發展，根據國家有關法律、法規，制定本條例。

第 二 條　廣州經濟技術開發區（簡稱開發區）經國務院批准，在廣州市設立。開發區是在廣州市人民政府領導下實行國家優惠政策、進行經濟技術開發的區域。

第 三 條　開發區設立管理委員會（以下簡稱管委會），代表廣州市人民政府，行使市一級管理許可權，對開

發區實行統一領導和管理，協調開發區內中央、省屬單位有關開發區的工作。

第 四 條 開發區的建設與發展遵循下述原則：

(一) 按照社會主義市場經濟規律，根據廣州市經濟社會發展長遠規劃和國際經濟貿易規則、慣例，依法進行經濟技術開發；

(二) 外引和內聯相結合，引進先進技術與設備、引進人才和引進先進管理經驗相結合，高效益和高速度發展相結合，興辦生產性企業和科研事業，大力發展新興產業和第三產業，重點引進高科技及資本密集型專案；

(三) 引導、帶動廣州市經濟技術開發和建設，開拓香港、澳門、台灣（以下簡稱港澳台）地區市場和國際市場，為廣州市產業結構調整和技術改造服務，壯大廣州市國民經濟實力。

第 五 條 開發區應為投資者創造良好的投資環境，做好土地平整工程及提供供水、供電、排水、通訊、道路、碼頭、倉儲、學校、醫院、環保、生活服務等各項公共設施。

第 六 條 投資者在開發區的資產、應得利潤和其他合法權益，受國家法律、法規和本條例的保護。

開發區企業事業單位和個人必須遵守國家法律、法規和本條例，不得損害社會公共利益。

第 七 條　開發區企業事業單位和機關團體職工有權依法建立工會組織，開展工會活動，維護職工合法權益。

第 二 章　行政管理

第八條廣州市人民政府授權開發區管委會行使以下職權：

(一) 依法制定和公佈開發區行政管理規定；

(二) 制定開發區經濟和社會發展規劃，並組織實施；

(三) 按照規定的許可權審批投資者在開發區的投資專案；

(四) 組織編制開發區建設總體規劃，審批詳細規劃；按市一級許可權辦理開發區範圍內土地依法徵用的有關事項，核發建設用地規劃許可證，並負責開發管理；辦理開發區國有土地使用權的出讓、轉讓、發證及其他管理事項；

(五) 負責開發區內建設工程的方案與初步設計審批、報建審核、招標投標、發證、施工監督及工程檔案、施工單位及設計單位資質審查驗證等管理事項；其土地出讓收入按市政府規定上交，以統籌安排；

(六) 負責開發區內房地產登記、發證、交易等方面的管理事項；

(七) 負責開發區內環境保護執法與收費等管理事項；

(八) 統籌和管理開發區內的財政；

(九) 依法維護開發區內企業事業單位合法權益，並提供服務；

(十) 統一領導、規劃和管理開發區內供水、供電、供氣及交通、文教、衛生等公共事業；

(十一) 在市政府外事部門的指導下，負責處理開發區涉外事務，審批開發區內人員出入境有關事項；

(十二) 審批和管理開發區進出口業務；

(十三) 按有關規定決定開發區內行政、事業單位的機構設置、人員編制的制定及幹部、職工的調配、管理與福利待遇，任免和獎懲所屬工作人員；

(十四) 領導開發區內的治安管理工作與戶籍管理工作，實施符合開發區實際的戶籍管理；

(十五) 其他應由管委會行使的職權。

第　九　條　開發區管委會按照精簡、高效的原則，可根據需要設立或批准設立必要的職能機構或進行機構調整。

第 三 章　投資與經營管理

第 十 條　外國、港澳台地區、華僑以及國內的公司、企業、
　　　　　其他經濟組織或個人（以下簡稱投資者）可以在
　　　　　開發區投資興辦、經營或從事下列企事業：

　　　　　(一) 高新技術企業；

　　　　　(二) 技術先進企業；

　　　　　(三) 科學技術事業；

　　　　　(四) 能源、交通、通訊、環保等基礎設施建設；

　　　　　(五) 資訊技術服務、房地產開發、商業服務、旅
　　　　　　　　遊等第三產業；

　　　　　(六) 經批准的銀行、金融業務和保險業務；

　　　　　(七) 經批准的國際經濟技術合作事業；

　　　　　(八) 依照有關規定或經申報批准，在境內外發行
　　　　　　　　債券、股票等。

第 十一 條　投資者在開發區投資可採取下列方式：

　　　　　(一) 中外合資經營企業；

　　　　　(二) 中外合作經營企業；

　　　　　(三) 外資企業；

　　　　　(四) 國內狡經營企業或聯合經營企業；

　　　　　(五) 補償貿易和技術先進的加工裝配；

　　　　　(六) 提供貸款、融資性租賃、設立投資基金；

(七) 購買開發區及其企業發行的債券和股票；經
批准發起興辦股份有限公司；受讓開發區企
業的股權、產權；

(八) 中華人民共和國法律允許的其他方式。

本條第(一)、(二)、(三)項所指企業，以下簡稱外
商投資企業。

第 十二 條　凡在開發區興辦各類企業，應到開發區工商行政
管理部門註冊登記，領取營業執照，到開發區稅
務機關辦理稅務登記手續，方可開業。國家法律
法規另有規定的，從其規定。

第 十三 條　在開發區設立、開辦企業、公司，或開發區企業、
公司歇業、停業、破產、清算，依法須報經審批
的，應報經開發區管委會審批。國家法律法規另
有規定的，從其規定。

第 十四 條　外商投資企業取得營業執照後，應當按照國家外
匯管理的有關規定辦理外匯賬戶設立、外債登記
等手續。

第 十五 條　開發區企業的各項保險，應當按照保險法的有關
規定辦理，並履行規定的社會保障義務。

第 十六 條　開發區企業應當在開發區或廣州市設置會計賬
簿，進行獨立核算，按照規定報送會計報表。各

項報表資料和內容應當真實，並接受開發區有關
政府部門和機構依法進行的監督。

第 十 七 條　開發區外商投資企業有權在批准的企業章程範圍
內，自行制定生產經營計劃，籌措、運用資金，
採購生產資料，銷售產品；依法自行確定工資標
準，工資開式和獎勵、津貼制度；可以根據需要
自行確定機構設置和人員定額或編制，依法招
聘、辭退經營管理人員和工人。

第 十 八 條　開發區企業歇業或停業，應到開發區工商行政管理
部門辦理營業執照登出手續，其所餘資產可以依法
出售或轉讓，外商分得的外匯資金可以按規定彙出
境外。國家法律法規另有規定的，從其規定。

第　四　章　　土地開發與管理

第 十 九 條　開發區內土地開發及各項基礎設施和公共設施的
興建採取下列形式：

(一) 由開發區興建或與廣州市有關部門共同興建；

(二) 投資者與開發區及其企業合資或合作興建；

(三) 投資者成片開發。

第 二 十 條　經管委會徵用的土地，其使用權一律實行有償出
讓。出讓的土地，受讓人可以轉讓。出讓和轉讓

　　　　　　　　　的標的只限於土地使用權。國家法律法規另有規
　　　　　　　　　定的，從其規定。

　　　　　　　　　開發區地下各種自然資源及所有人不明的埋藏
　　　　　　　　　物、隱藏物歸國家所有。

第二十一條　　　開發區內土地使用權出讓人是管委會，土地使用
　　　　　　　　　權受讓人、轉讓人以及轉讓的受讓人，可以是外
　　　　　　　　　國、港澳台地區、華僑以及國內的公司、企業、
　　　　　　　　　其他經濟組織或個人。國家法律法規另有規定
　　　　　　　　　的，從其規定。

第二十二條　　　土地使用年限由管委會根據專案的實際需要，依
　　　　　　　　　據國家有關規定核定。

第二十三條　　　受讓人在獲得土地使用權的土地上開辦各類企業
　　　　　　　　　或從事各種專案建設，應依規定程式申報；符合
　　　　　　　　　開發區產業政策的建設專案，可享有受讓土地的
　　　　　　　　　優先權。

第二十四條　　　土地使用權受讓人依照國家、省、市以及開發區
　　　　　　　　　的土地管理法律、法規、規章和規定，可以通過
　　　　　　　　　規定程式轉讓其受讓的開發區土地使用權。

第二十五條　　　土地使用權出讓或轉讓的受讓人，依照國家、省、
　　　　　　　　　市以及開發區的房地產抵押管理法規、規章和規
　　　　　　　　　定，可以通過規定程式，將其受讓的土地使用權
　　　　　　　　　用於抵押擔保。

第二十六條　開發區根據廣州市發展規劃和經濟發展實際需要，經批准，可擴展開發區域。

第　五　章　技術引進

第二十七條　開發區鼓勵國內外企業、科研機構、高等院校和工程技術人員在開發區進行各種方式的技術合作。

第二十八條　開發區引進的技術必須是適用的、先進的，包括有專利權的技術、正在申請專利的技術、專有技術和具有明顯經濟效益的技術。

第二十九條　開發區重點引進下列新技術：

(一) 與廣州市或國內重點發展的新興產業和新產品有關的；

(二) 對廣州市和國內現有企業技術改造和產品更新換代有顯著效果的；

(三) 生產工藝和製造技術是國內特別需要的；

(四) 對廣州市或國內有關行業、產品趕上世界先進水平起重要作用的；

(五) 能夠充分利用資源，並能減輕或不造成環境污染的。

第 三十 條　鼓勵國內外企業、教學科研單位和工程技術人員在開發區建立生產——科研聯合體或科工貿聯合

體，並按規定在選址、設廠、受讓土地、信貸、稅收等方面享受優惠待遇。

第三十一條　技術引進的方式：

(一) 許可證貿易；

(二) 技術協作或服務；

(三) 合作設計，合作研製、合作生產；

(四) 聘請專家任職、任教；

(五) 進口技術資料；

(六) 電腦軟體許可；

(七) 其他。

第三十二條　開發區允許投資者以無形資產作價投資，興辦中外合資、中外合作經營企業，其比例及作為投資資本的現金和實物應按有關規定執行。

第三十三條　開發區設立科技發展基金，用於高新技術的研究、引進、開發、應用和創新。

第 六 章　優惠待遇

第三十四條　對開發區企業和外商投資者在企業所得稅、進出口關稅和上述稅種的減稅、免稅、退稅等方面的待遇，分別按照國家有關法律規定執行。

第三十五條　開發區外商投資企業中，凡經管委會確認的開發區先進技術企業，可享受國家規定的優惠。

第三十六條　對開發區外商投資企業需要給予減征免征地方所得稅優惠的，按國家稅法有關規定辦理。

第三十七條　開發區及其新開發區域內經海關批准，可經營保稅加工、保稅倉儲和轉口貿易等項業務。

第 七 章　附則

第三十八條　國家相關法律、法規對開發區的經濟政策和投資待遇另有規定的，從其規定。

第三十九條　本條例自一九八七年二月十九日起施行。

《江蘇省經濟技術開發區管理條例》
（第三次修正）

發佈單位：江蘇省人大常委會

（1986 年 12 月 20 日江蘇省第六屆人民代表大會常務委員會第二十三次會議通過根據 1993 年 10 月 30 日江蘇省第八屆人民代表大會常務委員會第四次會議《關於修改〈江蘇省經濟技術開發區管理條例〉的決定》第一次修正根據 1997 年 7 月 31 日江蘇省第八屆人民代表大會常務委員會第二十九次會議《關於修改〈江蘇省經濟技術開發區管理條例〉的決定》第二次修正根據 2004 年 7 月 1 日起施行的《關於修改〈江蘇省經濟技術開發區管理條例〉的決定》進行第三次修正）

第 一 章　總則

第 一 條　根據《中華人民共和國憲法》和有關法律、法規，制定本條例。

第 二 條　本條例適用於本省境內經國務院批准設立的經濟技術開發區（以下簡稱開發區）。

第 三 條　開發區是在所在市人民政府領導下，有明確的地域界限，實行國家賦予優惠政策的經濟技術區域。

　　　　　　　　開發區旨在發展對外經濟技術合作，引進外資、
　　　　　　　　先進技術、先進設備、人才和科學管理方式，以
　　　　　　　　興辦外商投資、出口創匯、高新技術專案為主，
　　　　　　　　相應發展第三產業，加強與省內外的經濟技術合
　　　　　　　　作，促進對外開放和經濟技術的發展。

第　四　條　　鼓勵外國的公司、企業和其他經濟組織或者個人
　　　　　　　　（以下簡稱外商），在開發區內投資興辦產品出口
　　　　　　　　企業和先進技術企業，以及科研機構、基礎設施等。
　　　　　　　　外商投資的方式可以採取：
　　　　　　　　(一) 與省內外的公司、企業或者其他經濟組織合
　　　　　　　　　　　資經營、合作經營；
　　　　　　　　(二) 獨資經營；
　　　　　　　　(三) 我國法律允許的其他合作方式。

第　五　條　　鼓勵省內外的公司、企業、科研單位、高等院校
　　　　　　　　在開發區內投資開發新技術、新工藝、新產品、
　　　　　　　　新材料、興辦中外合資經營企業、合作經營企業、
　　　　　　　　合作科研機構和基礎設施。

第　六　條　　開發區內任何單位和個人，必須遵守中華人民共
　　　　　　　　和國的法律和法規，其所在開發區的財產和其他
　　　　　　　　合法權益，受法律保護。

第　七　條　　開發區內不得興辦污染環境而無切實治理措施的
　　　　　　　　專案、技術落後或者設備陳舊的專案、產品屬於

我國產業政策禁止或者限制生產的專案，以及我
國法律法規禁止的其他專案。

第 二 章　行政管理

第 八 條　開發區管理委員會（以下簡稱開發區管委會）是
　　　　　開發區所在市人民政府的派出機構，對開發區實
　　　　　行統一領導和管理。

第 九 條　開發區管委會行使下列職權：

一、制定開發區的總體規劃和發展計劃，報上級
　　批准後組織實施；

二、按規定負責審批或者審核開發區內的投資建
　　設專案；

三、負責開發區內的基礎公用設施的建設和管
　　理，管理開發區內的土地和房地產業；

四、按照國家有關規定，管理開發區的進出口和
　　對外經濟技術合作工作；

五、管理開發區的財政收支；

六、規劃和管理開發區的環境保護工作，興辦開
　　發區的公益事業；

七、對市屬各有關部門設在開發區內的分支機搆
　　的工作，進行監督和協調；

八、制定開發區內有關行政管理的規章制度並檢
　　查執行；

九、依法處理開發區內的涉外事務；

十、所在市人民政府授予的其他職權。

第　十　條　　根據工作需要，經所在市人民政府批准，開發區
　　　　　　　　管委會設立辦事機構，負責開發區內的行政管理
　　　　　　　　事務。

第 十一 條　　開發區內工商行政管理、外匯管理、銀行、海關、
　　　　　　　　商檢、檢疫、稅務、文教、土地、公安、保險等
　　　　　　　　工作，由所在市的有關部門或者由其設在開發區
　　　　　　　　的辦事機構辦理。

第　三　章　　註冊與經營

第 十二 條　　在開發區投資興辦企業和其他事業應當符合國家
　　　　　　　　產業政策和開發區發展規劃，並依法辦理土地使
　　　　　　　　用證、營業執照、稅務登記等手續。

第 十三 條　　開發區內的企業、事業單位，應在開發區設立的
　　　　　　　　中國銀行或者國家批准的其他銀行開戶，並辦理
　　　　　　　　有關外匯事宜。

　　　　　　　　開發區內的公司、企業和其他經濟組織的各項保
　　　　　　　　險，應當向在開發區內設立的中國保險機構或者
　　　　　　　　國家批准的其他保險公司投保。

第 十 四 條　開發區內的企業應當在開發區內設立會計帳簿，按規定向開發區管委會和其他有關業務主管部門報送季度和年度會計報表。年度會計報表須經在中國註冊的會計師驗證並出具證明。

第 十 五 條　開發區內的企業終止，應當按法定程式對資產和債權、債務進行清算，並辦理有關手續，經工商行政管理機關登出登記後，投資者剩餘的資產可以依法出賣或者轉讓，外商的資金可以按有關規定彙出境外。

第 十 六 條　開發區內的企業應當執行國家有關勞動保護和勞動保險的法律、法規和規定，保證職工在文明、安全、衛生的條件下進行生產和工作。

第 四 章　優惠待遇

第 十 七 條　開發區內外商投資的生產性企業，減按百分之十五的稅率徵收企業所得稅。其中經營期在十年以上的，經企業申請，有權機關批准，從開始獲利的年度起，第一年和第二年免征所得稅，第三年至第五年減半徵收所得稅。

按上款規定減免企業所得稅期滿後，產品出口企業凡當年出口產品產值達到該企業當年產品產值百分之七十以上的，減按百分之十的稅率繳納企

業所得稅；先進技術企業可以延長三年減半繳納
企業所得稅。

開發區內的生產性外商投資企業，免征地方所
得稅。

第 十八 條　外商將其從開發區內企業分得的利潤，在中國境
內再投資興辦、擴建產品出口企業或者先進技術
企業，經營期不少於五年的，經申請所在市稅務
機關核准，全部退還其再投資部分已繳納的企業
所得稅稅款。如該項投資在不足五年內撤出的，
應當繳回已退的稅款；用於其他再投資的，按《中
華人民共和國外商投資企業和外國企業所得稅
法》的有關條款執行。

第 十九 條　外商在中國境內沒有設立機構而有來源於開發區
的股息、利息、租金、特許權使用費和其他所得，
除依法免征所得稅的以外，均減按百分之十的稅
率徵收所得稅。其中以優惠條件提供資金、設備
或者轉讓先進技術的，經有權機關批准，可以給
予進一步減免所得稅的優惠。

第 二十 條　開發區內的外商投資企業發生年度虧損，可以從
下一年度的所得中提取相應的數額加以彌補；下
一年度的所得不足彌補的，可以逐年提取所得繼
續彌補，但最長不得超過五年。

第二十一條　開發區內企業生產的出口產品，除國家限制出口和另有規定的產品外，免征關稅，並按照國家有關規定，免征增值稅、消費稅或者退還增值稅和消費稅稅款。

第二十二條　開發區內的外商投資企業生產經營所需水、電、氣、通訊設施，應當優先保證供應。水、電、氣費按當地國有企業同一收費標準計收。

第二十三條　開發區內的外商投資企業建設和生產需要的原材料，當地物資部門要優先安排供應，其價格與供應當地國有企業原材料的價格等同。

第二十四條　開發區內的外商投資企業按銀行規定可用現匯或者固定資產向銀行抵押，申請貸款。外商投資企業的流動資金和臨時周轉資金，各開戶銀行在貸款指標中優先貸放。外商投資企業因生產經營需要，可以向國外籌借資金，由企業自借自還。

第二十五條　開發區內的外商投資企業同時享有國家和我省有關法律、法規規定的各項優惠待遇。

第二十六條　開發區內的國內投資企業，根據國家、省、市有關規定享受優惠待遇。

第　五　章　　附則

第二十七條　　開發區所在市人民政府應當及時審批開發區內企業、事業單位申報的需要批復和解決的事宜。省人民政府對開發區所在市人民政府申報的開發區需要給予批復的各種文件，必須從接到之日起一個月內給予批復；批准證書和工商營業執照，必須在十日內辦理完畢。

第二十八條　　開發區內的勞動管理、土地使用管理等，按照國家和我省的有關規定執行。

第二十九條　　香港、澳門、台灣的公司、企業和其他經濟組織或者個人在本省開發區投資興辦的企業，適用本條例。

第　三十　條　　省人民政府批准設立的開發區，除國家規定的經國務院批准設立的經濟技術開發區專門享受的優惠待遇外，均可參照本條例執行。

第三十一條　　本條例自公佈之日起施行。

　　江蘇省人民代表大會常務委員會關於修改《江蘇省經濟技術開發區管理條例》的決定（江蘇省第十屆人民代表大會常務委員會第十次會議於 2004 年 6 月 17 日通過，2004 年 6 月 18 日江蘇省第十屆人民代表大會常務委員會公告第 57 號發佈，自 2004 年 7 月 1 日起施行）

　　江蘇省第十屆人民代表大會常務委員會第十次會議決定對《江蘇省經濟技術開發區管理條例》作如下修改：

　　將第十二條修改為：「在開發區投資興辦企業和其他事業應當符合國家產業政策和開發區發展規劃，並依法辦理土地使用證、營業執照、稅務登記等手續。」

　　本決定自 2004 年 7 月 1 日起施行。

　　《江蘇省經濟技術開發區管理條例》根據本決定作相應修改，重新公佈。（R05）

2004-07-09

【註】大陸其他各地方之經濟開發區管理條例，如本文中提到的《蘇州市經濟開發區管理條例》、《蘇州國家高新技術產業開發區條例》、《廣州市經濟技術開發區條例》及《大連經濟技術開發區條例》（修正）等，均可連結至大陸網站上網查詢詳細內容。

北京市高級人民法院關於下發《關於北京市各級人民法院受理第一審民事、經濟糾紛案件級別管轄的規定》的通知（京高法發〔2000〕202 號）：

北京市第一、二中級人民法院，北京鐵路運輸中級法院；各區縣人民法院；各鐵路運輸法院：我院《關於北京市各級人民法院受理第一審民事、經濟糾紛案件級別管轄的規定》已經最高人民法院批准，現下發給你們，請於 2000 年 7 月 1 日起開始執行。執行中有何問題，及時報告我院。

北京市高級人民法院
二〇〇〇年六月二十日

關於北京市各級人民法院受理第一審民事、經濟糾紛案件級別管轄的規定

　　根據《中華人民共和國民事訴訟法》以及最高人民法院法發〔1999〕11號《關於各高級人民法院受理第一審民事、經濟糾紛案件問題的通知》和法經〔2000〕20號函件的指示精神，結合北京市實際情況，現就北京市各級法院受理第一審民事、經濟糾紛案件級別管轄規定如下：

一、基層法院管轄的案件：

　　(一) 基層法院管轄下列一審民事、經濟糾紛案件：

　　　　1、普通民事、經濟糾紛案件，但另有規定的除外；

　　　　2、不服區、縣勞動爭議仲裁委員會仲裁的勞動爭議案件；

　　　　3、經由上級法院依法指定或移送的民事、經濟糾紛案件。

　　(二) 適用特別程式審理的案件。

　　(三) 支付令案件。

　　(四) 公示催告案件。

　　(五) 區、縣工商行政管理機關核准登記的企業、公司的破產案件。

二、中級法院管轄的案件

　　(一) 中級法院管轄下列一審民事、經濟糾紛案件：

　　　　1、爭議金額在50萬元以上不滿8000萬元的涉外、涉港、澳、台民事案件；

2、爭議金額在 500 萬元以上不滿 1 億元的房地產案件；

3、爭議金額在 250 萬元以上不滿 1 億元的其他民事案件；

4、爭議金額在 500 萬元以上不滿 8000 萬元的涉外、涉港、澳、台的經濟糾紛案件；

5、爭議金額在 500 萬元以上不滿 1 億元的其他經濟糾紛案件；

6、不服市勞動爭議仲裁委員會仲裁的勞動爭議案件；

7、經由上級法院依法指定或移送的民事、經濟糾紛案件；

8、中級法院認為有必要由本院審理的下級法院管轄的案件或下級法院報請移送的案件。

(二) 北京市或國家工商行政管理機關核准登記的企業、公司的破產案件。

(三) 申請撤銷仲裁裁決的案件和申請仲裁條款無效的案件。

三、高級法院管轄的案件高級法院管轄下列第一審民事、經濟糾紛案件：

1、爭議金額在 1 億元以上的民事糾紛案件；

2、爭議金額在 8000 萬元以上的涉外、涉港、澳、台民事糾紛案件；全年受理上述兩項案件總數不得超過 10 件；

3、爭議金額在 1 億元以上的經濟糾紛案件；

4、爭議金額在 8000 萬元以上的涉外、涉港、澳、台經濟糾紛案件；

5、經由最高法院指定審理的民事、經濟糾紛案件；

6、高級法院認為有必要由本院審理的下級法院管轄的案件或下級法院報請移送的案件。

四、附則

1、本規定所說「以上」含本數在內；

2、本規定自 2000 年 7 月 1 日起施行，原京高法發〔1997〕232 號《關於本市各級法院案件級別管轄的規定》中關於民事、經濟案件級別管轄的規定，同時廢止。

國家圖書館出版品預行編目

中國投資指南 ： 大陸投資優惠條件的法律效力
　探索 / 林家亨著 .-- 一版 .--臺北市 ： 秀
威資訊科技 ， 2006[民 95]
　　面 ；　　公分 .-- (社會科學類 ；AF0055)
　參考書面 ：面
　ISBN 978-986-7080-78-3 (平裝)

　1. 投資 - 中國 - 法規論述
563.51　　　　　　　　　　　95015324

 社會科學類　AF0055

中國投資指南
─大陸投資優惠條件的法律效力探索

作　　者 / 林家亨
發 行 人 / 宋政坤
執行編輯 / 林世玲
圖文排版 / 黃莉珊
封面設計 / 羅季芬
數位轉譯 / 徐真玉　沈裕閔
圖書銷售 / 林怡君
網路服務 / 徐國晉
法律顧問 / 毛國樑律師
出版印製 / 秀威資訊科技股份有限公司
　　　　　台北市內湖區瑞光路 583 巷 25 號 1 樓
　　　　　電話：02-2657-9211　　　傳真：02-2657-9106
　　　　　E-mail：service@showwe.com.tw
經 銷 商 / 紅螞蟻圖書有限公司
　　　　　台北市內湖區舊宗路二段 121 巷 28、32 號 4 樓
　　　　　電話：02-2795-3656　　　傳真：02-2795-4100
　　　　　http://www.e-redant.com

2007 年 2 月 BOD 一版
定價：250 元

讀　者　回　函　卡

感謝您購買本書，為提升服務品質，煩請填寫以下問卷，收到您的寶貴意見後，我們會仔細收藏記錄並回贈紀念品，謝謝！

1. 您購買的書名：＿＿＿＿＿＿＿＿＿＿＿＿＿＿＿＿

2. 您從何得知本書的消息？

　　□網路書店　□部落格　□資料庫搜尋　□書訊　□電子報　□書店

　　□平面媒體　□ 朋友推薦　□網站推薦 □其他＿＿＿＿＿

3. 您對本書的評價：(請填代號　1.非常滿意 2.滿意 3.尚可 4.再改進)

　　封面設計＿＿　版面編排＿＿　內容＿＿　文/譯筆＿＿　價格＿＿

4. 讀完書後您覺得：

　　□很有收獲　□有收獲　□收獲不多　□沒收獲

5. 您會推薦本書給朋友嗎？

　　□會　□不會，為什麼？＿＿＿＿＿＿＿＿＿＿＿＿＿＿＿

6. 其他寶貴的意見：＿＿＿＿＿＿＿＿＿＿＿＿＿＿＿＿＿

＿＿＿＿＿＿＿＿＿＿＿＿＿＿＿＿＿＿＿＿＿＿＿＿＿＿

＿＿＿＿＿＿＿＿＿＿＿＿＿＿＿＿＿＿＿＿＿＿＿＿＿＿

＿＿＿＿＿＿＿＿＿＿＿＿＿＿＿＿＿＿＿＿＿＿＿＿＿＿

讀者基本資料

姓名：＿＿＿＿＿＿＿＿＿　年齡：＿＿＿　性別：□女 □男

聯絡電話：＿＿＿＿＿＿＿　E-mail：＿＿＿＿＿＿＿＿＿

地址：＿＿＿＿＿＿＿＿＿＿＿＿＿＿＿＿＿＿＿＿＿＿＿

學歷：□高中(含)以下　□高中　□專科學校　□大學

　　　□研究所(含)以上 □其他＿＿＿＿＿＿＿

職業：□製造業 □金融業 □資訊業 □軍警 □傳播業 □自由業

　　　□服務業 □公務員 □教職　□學生 □其他＿＿＿＿

To：114

台北市內湖區瑞光路 583 巷 25 號 1 樓

秀威資訊科技股份有限公司　　　收

寄件人姓名：

寄件人地址：□□□

(請沿線對摺寄回,謝謝!)

秀威與 BOD

BOD（Books On Demand）是數位出版的大趨勢,秀威資訊率先運用 POD 數位印刷設備來生產書籍,並提供作者全程數位出版服務,致使書籍產銷零庫存,知識傳承不絕版,目前已開闢以下書系:

一、BOD 學術著作—專業論述的閱讀延伸
二、BOD 個人著作—分享生命的心路歷程
三、BOD 旅遊著作—個人深度旅遊文學創作
四、BOD 大陸學者—大陸專業學者學術出版
五、POD 獨家經銷—數位產製的代發行書籍

BOD 秀威網路書店：www.showwe.com.tw
政府出版品網路書店：www.govbooks.com.tw

永不絕版的故事‧自己寫‧永不休止的音符‧自己唱